영화로 전선을 간다
A Cinematic Chronicle of the Korean War

일러두기

1. 인명이나 지명은 국립국어원의 외래어 표기법을 따랐습니다. 단, 일부 굳어진 명칭은 일반적으로 사용하는 명칭을 사용했습니다.
2. 한국어 영화 제목은 『 』로, 영어로 된 영화 제목은 " "로 표기했으며, 가요의 제목은 ' '로 표기했습니다.
3. 책 뒷부분의 주(註)는 본문의 이해를 돕고 참고문헌의 출처를 명확히 하기 위한 것으로 각 장 별로 번호를 매겨서 구분했습니다.
4. 참고문헌은 본문 뒤 '참고문헌'에 출처를 밝혔습니다.

6.25 전쟁, 포연 속의 기록들

영화로 전선을 간다

A CINEMATIC CHRONICLE OF THE KOREAN WAR

김용호 지음

이름

차례

1부 6.25를 걷다

전쟁의 시작 ... 08
- 탱크, 공포의 신무기 ... 09
- 무너지는 전선 ... 14
- 지연전, 필사의 사투 ... 20

바람 앞의 등불, 위기의 대한민국 ... 32
- 최후의 방어선, 낙동강 전선 ... 32
- 군번 없는 영웅들, 책 대신 총을 들고 ... 45
- 학도병의 상륙작전 ... 58

전세 역전의 불을 밝히다 ... 69
- D-day, 비밀의 상륙작전 ... 69
- 다시 돌아온 서울 ... 85
- 38선 돌파, 북으로 북으로 ... 99

밀려오는 중공군 ... 109
- 두 번째 후퇴 ... 109
- 싸우는 젊은이들 ... 123
- 다시는 돌아오지 않는 해병 ... 130
- 흥남부두 생이별 ... 133
- 밀고 밀리는 싸움 ... 137

고지전, 한 뼘 땅을 위하여 　　　　　　　　　144
　휴전회담, 설전(舌戰)의 시작　　　　　　　144
　전장터의 사람들　　　　　　　　　　　　147
　하늘에서 산화하다　　　　　　　　　　　158
　어느 낯선 죽음　　　　　　　　　　　　168
　무엇을 위하여 총을 들었나　　　　　　　173
　혈전(血戰)의 끝, 마지막 전투　　　　　　178

전쟁이 끝난 뒤 　　　　　　　　　　　　　201
　전쟁포로 이야기　　　　　　　　　　　　201

2부　6.25 전쟁, 그 이후

이국(異國)에서 만난 기억　　　　　　　　　210
당신들을 잊지 않겠습니다　　　　　　　　　216
두 '철우'의 공조　　　　　　　　　　　　　225
작전명 '아덴만의 여명'　　　　　　　　　　233

에필로그　　　　　　　　　　　　　　　　　241
참고문헌　　　　　　　　　　　　　　　　　246
주(註)　　　　　　　　　　　　　　　　　　251

1부
6.25를 걷다

전쟁의 시작
바람 앞의 등불, 위기의 대한민국
전세 역전의 불을 밝히다
밀려오는 중공군
고지전, 한 뼘 땅을 위하여
전쟁이 끝난 뒤

전쟁의 시작

6.25 전쟁 발발 당시 38선은 대한민국 국군 4개 보병사단과 1개 독립연대가 지키고 있었다. 북위 38도 분계선 서쪽 끝에 위치한 옹진반도에는 육군 제17연대가 주둔하고 있었고, 서부전선부터 동부전선까지 육군 제1사단과 제7사단, 제6사단과 제8사단이 배치되어 있었다. 수도 서울은 수도경비사령부와 독립기갑여단이 지키고 있었으며, 제2사단은 대전에, 제3사단은 대구, 그리고 제5사단은 광주에 주둔하고 있었다.

옹진반도는 행정구역상으로 황해도였지만, 38선 이남에 위치하고 있어서 38선이 그어진 후 6.25 전쟁까지는 남한 땅이었다. 황해도 남쪽 끝자락에 바다로 둘러싸여 있는데, 육상교통로는 북한 땅으로 막혀 있고 남한과는 뱃길로만 연결돼 있어 섬처럼 고립된 지역이었다.

개성도 6.25 전쟁이 일어나기 전에는 38선 이남에 있었고, 우리 육군 제1사단이 지키던 지역이었다. 개성 바로 옆 동네라고 할 수 있는 지금의 판문점은 순우리말로 널문으로 불렸다. 자동차로 자유로를 따라 파주까지 올라가면 그 위로 개성공업지구가 나오는데 그곳이 개성, 그 옆으로 난 길을 따라가면 판문점, 즉 널문이 나온다. 널문 시냇가에서 고기를 잡고 있던 일요일, 비행기들이 날아다녀서 웬일인가 했는데, 전쟁이었다는 장인어른 생전 말씀이 생생하다.

전쟁이 일어나기 바로 전날인 6월 24일, 송악산 중부 능선에 올라 개성 시내를 망원경으로 정찰했다는 북한군 중좌는 자남산에서 여러 명이 어울려 배구를 즐기는 토요일 모습이 정말 평화로워 보였다고 한다.[1] 개성공단이 한참 가동 중일 때 자남산 여관은 남쪽에서 온 손님들이 식사를 하는 곳이었다. 본가가 김포에 처가가 개성인 필자에게는 그다지 특별하지 않았던 음식이었지만, 선죽교 바로 옆에 세워진 건물이어서 기억에 남는다. 선죽교는 고려 말 유신 정몽주가 훗날 조선을 건국한 이성계를 병문안 한 후 말을 타고 오다 그의 아들 이방원이 보낸 조영규에게 철퇴를 맞고 쓰러졌다는 곳이다. 돌다리의 붉은 반점은 그때 그가 흘린 핏자국이라고 전해진다. 그러나 무엇보다 이곳은 1950년 6월 25일 새벽, 북한군의 탱크를 육탄으로 막으며 싸웠던 우리 국군들의 혈흔이 배어 있는 곳이다.

탱크, 공포의 신무기

이장수, 김진민 연출의 드라마 『로드 넘버원』(2010)에는 1번 국도에서 북한군에게 패퇴를 거듭하던 우리 국군의 애환이 담겨 있다. 드라마에 보면, 밀려오는 북한군을 막기 위해 군인들이 길가 양쪽에 몸을 숨기고 있던 중 갑자기 땅이 진동하면서 흙이 떨어지는 장면이 나온다. 주인공 이장우(소지섭 분)의 놀란 얼굴이 향하고 있는 곳을 바라본 중대원들은 처음으로 탱크를 마주하게 된다. "뭐야, 저거." "태, 탱크입니다. 바퀴 달린 포." 이후 육탄으로 탱크를 막아내는 모습도 그려지지만, 중과부적의 상황에서 무기보다 부상자를 데려가기로 한 중대는 전사자들과 무기를 묻어두고 후퇴한다.

드라마와 실제가 크게 다르지 않았다. 참전용사들의 증언에 따르면, 생전 처음 보는 '강철 괴물' 탱크는 난공불락의 요새처럼 여겨졌고 공포의 대상이었다. 정보처에 근무했던 참전용사 김창식은 6월 25일 8시쯤 개성 시내에서 요란한 소리를 내면서 나타난 '집채만큼 큰 괴물'을 만난다. M1 소총을 아무리 쏴 봐도 실탄이 그대로 튕겨 나와버리는 이 괴물이 도대체 뭔지를 알 수 없던 국군들은 그저 두려워하면서 후퇴할 수밖에 없었다고 한다. 군에서 수많은 교육을 모두 받았던 사람도 처음 보는 것이었으니 다른 군인들은 말할 나위도 없었다.[2]

오산 근처에서 경계근무를 서던 또 다른 참전용사는 탱크가 내려오는 것을 처음 봤을 때 "너무 떨려서, 아! 바로 저게 탱크로구나, 말만 들었지, 보고 기가 죽고 떨려서 총도 못 쐈다"고 했다. 나뭇잎으로 위장을 하거나 혹은 그마저도 하지 않은 시커먼 탱크가 포를 쏘면서 오는데, 아군이 매복까지 하면서 2.36인치 로켓포를 아무리 가까운 곳에서 쏴대도 끄떡도 하지 않았고, 아무런 소용이 없어서 결국은 밀려 후퇴할 수밖에 없었다면서 당황스럽고 긴박했던 상황을 증언하고 있다.[3]

당시의 신무기였던 전차, 즉 탱크는 상대방 영토를 단기간에 점령해 승기를 잡고자 할 때 가장 효과적인 무기였다. 그래서 6.25 전쟁이 발발하기 훨씬 전부터 우리도 미국에게 탱크를 지원해 달라고 여러 차례 요청했었다. 그러나 미국은 한반도가 70% 이상이 산악 지형

이고 나머지도 대부분이 논이라서 전차 기동에 적합하지 않다는 이유로 들어주지 않았다고 한다.[4]

반면에 북한군은 제2차 세계대전 당시 나치 독일의 전차군단과 싸우며 이름을 날린 소련제 T-34 탱크를 242대나 보유하고 있었다. 결국 우린 단 한 대의 탱크도 없는 데다 대전차 지뢰마저 갖고 있지 않은 채 육상 최대의 무기로 중무장한 북한군과 맞닥뜨린 것이다. 그러니 속수무책일 수밖에 별도리가 없었다.

남한 땅은 북한 탱크에겐 너무도 쉬운 공략 대상이었다. 아무리 정신력으로 무장했다고 한들 절대적으로 열세인 장비만으로는 어떻게 해볼 도리가 없었다. 보다 못한 채병덕 육군 참모총장이 전선으로 뛰어나와 "특공대를 조직해 적 전차를 파괴하라"는 지시를 직접 내렸지만, 소총 탄알도 없고, 로켓포 탄약도 없고 대전차포의 철갑탄이 없어

대전차포를 발사하는 우리 국군 (국가기록원 CET47877-17_PI201902466982)

불타는 적 탱크 (National Archive #127-GR-31-216a-A2182)

아군 공격으로 파괴된 북한군 탱크 2대 (National Archive #127-GR-31-215-A3704)

북한군 T-34 전차를 수색하는 국군 (국가기록원 CET47877-14_PI201902466985)

서 어찌할 수가 없었다. 그런 상황에선 병력을 투입해 봤자 무의미한 희생만 늘어날 뿐이었다.[5]

파죽지세로 몰려오는 북한군 탱크를 맞아 우리 국군이 열세에 놓이기는 했지만, 모든 전선에서 다 밀리기만 한 것은 아니다. 대전차포 부대가 있는 강원도 홍천 지역은 사정이 좀 달랐다. 이곳에 주둔하고 있던 국군 제6사단 제2연대의 참전용사 이중석은 전쟁 발발 다음날인 6월 26일, 출동 명령을 받고 전방으로 향하던 중 바로 100m 코앞에서 우연히 적 탱크와 마주치게 된다. 너무 긴박했던 상황이라 앞에 가던 견인 차량들이 포를 버리고 차만 돌려 나오는 동안 뒤쪽에 있던 차들은 포 다리도 고정하지 않은 채 적 탱크 측면을 조준해 사격했다. 선두 탱크와 두 번째 탱크가 포에 맞아 정지하는 바람에 길이 막히자 뒤따르던 탱크병들은 탱크를 버리고 도주했다고 한다. 무시무시한 적의 탱크와 생사를 가르는 대결에서 승리한 이들은 적이 다시 반격해

올 때까지 30여 분 동안이나 탱크 구경을 했는데, 탱크 안에는 심지어 포탄의 열 때문에 불에 타버린 탱크병의 시신도 있었다고 한다.[6]

한편 홍천에서 대전차 특공대장 임무를 수행했던 박준수 참전용사는 '전차공격 육탄특공대'의 성공적인 경험을 증언하고 있다. 이들은 지형적 특성을 이용한 작전계획과 전술로 전차 열 대를 파괴하거나 기능을 마비시키는 공을 세웠다. 탱크의 옆구리를 공격해서 일단 멈춰 세운 후 특공대가 달려들어 탱크 안에 수류탄을 던져 넣는 방식으로 탱크를 파괴하거나 기동을 방해했다. 정보장교로 복무했던 그는 전쟁 발발 이전에 벌써 연대장의 지시로 모의전차를 만들어 놓고 탱크 공격 교육을 했다고 한다. 그는 산악이 많은 한국의 지형적 조건을 감안한 적절한 '정보' 활용과 '의지'가 적 탱크의 기동을 방해하는 데 중요한 역할을 했다고 강조한다.[7] 홍천 지역 실전에서 적의 전차를 파괴했던 공로들은 이러한 사전 준비 교육을 바탕으로 탱크와 맞닥뜨린 실전에서 얻어진 축적된 노하우에서 비롯된 것이었다.

무너지는 전선

38선 전역에 걸친 북한군의 동시다발적 기습으로 남한이 속수무책으로 밀렸던 전쟁 발발 초기 상황을 보면, 남한과 달리 북한군은 이미 오랫동안 단계별 계획을 세우고 전쟁 준비를 했다는 사실이 명확히 드러난다. 북한의 최고인민회의 상임위원이었던 김두봉은 직접 군인들 앞에 나와서 서울은 '조선의 심장'이니 서울을 점령해 8월까지 인민정부를 구성하자고 독려했다.[8] 당시 북한군 제6사단 소속 군인들은

우리 국군의 57㎜ 대전차포와 견인차량 (National Archive #306-PS-50-9064)

6개월 전부터 진행된 훈련과정을 지켜보면서 이건 틀림없이 전쟁이라는 걸 알았다고 한다. 북한군 제6사단은 원래 중국 인민해방군 제166사단으로 중국의 국공내전에 참가해 실전 경험이 풍부한 부대였다. 이들은 국공내전이 모택동의 공산당 승리로 끝나자 북한과의 협약에 따라 1949년 7월 말 '북한군 제6사단'으로 깃발을 바꿔들고 북한으로 들어온다. 제6사단에 속해 있던 팔로군 출신들은 이북 출신들보다 이남 출신들이 훨씬 많아서 모두들 하루빨리 고향으로 돌아가고 싶어 했다고 한다. 이들은 주로 압록강 하구의 평안북도 용암포에서 훈련을 하고 있었는데 소련식 행군과 소련식 훈련, 사상교육에 대해 불만들이 많았다.[9]

당시 소련 고문단들은 북한 군인들에게 백전백승을 장담했다고 한다. 그 이유가 기가 막히기도 하지만 정확히 맥을 짚고 있었다. 우선 오랜 국공내전을 통해 다져진 북한군 제6사단의 실전 경험에 비해 남한 국군의 실전 경험이 전무하다는 것이다. 둘째는 105㎜ 포도 없을 정도인 국군의 화력이 북한군에 비해 훨씬 약하다는 것이고, 세 번째는 6월 25일이 일요일이라 25% 내지 30%에 달하는 장교와 사병들이 휴가를 갈 것이란 이유였다. 미군이 절대 참전하지 않을 것이라는 오판을 제외하면 우리 약점을 정확히 파악하고 있었던 셈이다.[10]

그들이 예측한 대로 우리에게 6월 25일은 병사들의 농번기 휴가와 장교클럽 개관 기념 파티까지 있던 주말이라 장교들은 장교들대로, 병사들은 병사들대로 부대를 떠나 있었다. 당시 국군은 원래 6월 10일부터 비상경계에 들어가 있었는데, 참모회의에서 비상경계를 오래 지속하면 사기가 저하되고 군기도 해이해지기 쉬우니 주말 외출과 농번기 휴가로 고향에 가서 농사일도 돕게 하자는 의견이 나왔다

고 한다. 우리 군은 6월 23일 24시를 기해서 비상경계를 해제했다.[11]

그리고 1950년 6월 25일 새벽 4시 27분. 경기도 연천 고랑포 지역. 적 포탄이 비 오듯 쏟아지고 북한군 병력이 새카맣게 몰려온다. 국군 제1사단이 방어하던 개성과 고랑포 지역에 북한군 제1사단과 제6사단이 들이닥친 것이다. 개성-파주-서울로 이어지는 경의선 철도와 1번 국도를 이용해 서울을 신속 점령하기 위한 기습 공격이었다. 전차부대를 앞세운 대규모 기습에 개성 서쪽에 주둔하던 국군 제1사단 제12연대는 어쩔 수 없이 개성을 포기하고 철수했지만, 고랑포와 문산 지역에 주둔하던 국군 제1사단 제13연대는 절대 물러설 수 없었다. 서울의 길목이었기 때문이다. 수색에서 급파된 제11연대를 비롯해 후방 각지에서 차출된 병력과 함께 임진강 방어선을 구축하고 북한군 탱크에 육탄 공격을 가하며 북한군과 격전을 벌였다. 그렇게 28일까지, 나흘 가까이를 버텼다.[12] 이것이 그 유명한 고랑포 전투이다. 며칠간의 처절한 전투와 수많은 희생에도 불구하고 수도 서울은 개전 3일 만에 결국 적의 수중에 떨어진다.

사단장 백선엽 대령을 포함한 육군 제1사단 지휘부는 서울이 함락된 6월 28일 저녁까지도 파주를 지키고 있었다. 파주 봉일천초등학교에서 장병들이 위문품을 먹고 있던 오후 7시쯤, 인근 야산에서 횡대로 내려온 병력이 따발총으로 사격해 와서 국군도 대응 사격을 한다. M1 소총의 사정거리가 따발총보다 훨씬 길어서 북한군들이 쉽게 접근하지 못하는 사이 백선엽 사단장은 후퇴 명령을 내린다. 수도 서울이 함락되고 한강 철교까지 폭파돼 고립된 상황에서 현 위치를 계속 고수하다가는 모두 죽으니 후퇴하기로 한 것이다. 삼삼오오 흩어져서 한강을 건너 후퇴해 제일 먼저 안양에 도착한 사람이 '제1사단

전투 중인 국군 (김미성 기증 사진, 전쟁기념관 소장) https://www.kogl.or.kr/recommend/recommendDivView.do?recommendIdx=10586&division=img 공공누리 1유형

집결지'라고 써 붙이기로 했다.[13]

  북한군에게 계속 밀려 후퇴를 하면서 드라마『로드 넘버원』에서처럼 훗날을 위해 무기를 숨겨두고 철수했다는 증언도 있다. 중대장이었던 참전용사 박형수는 북한군 탱크가 최전선 대대 지휘본부를 기습해 본부를 궤멸시켜 버린 혼란 속에서도 현재 위치를 사수하란 명령을 받는다. 그러나 절대적으로 힘에 부쳐 계속 밀리며 후퇴했고, 이미 후방까지 북한군이 밀려들어와 병력이 꼼짝없이 포위된 상황이 되자 중대장 회의를 연다. '구월산에 가서 유격대를 조직하자, 관악산으로

가자'며 중대장들 사이에 의견이 분분했지만, 결국 사람과 달리 병기는 재생이 가능하니 총 노리쇠만 빼서 땅에 묻은 뒤 각자 알아서 아군이 있는 시흥 이남에서 다시 모이기로 한다. 하지만 병사들이 죽어도 중대장님이랑 같이 죽자며 헤어질 수 없다고 해서 북한군을 가장한 1개 소대를 만들어 위협사격을 하니 그때서야 흩어졌다고 한다.[14]

한편 무기도 제대로 갖추지 못하고 전선에 투입되는 경우도 있었다. 육군 제18연대에서 훈련받고 수도경비사령부 공병대대로 전속된 지 일주일 만에 전쟁을 겪게 된 강상영 참전용사는 6월 26일 건빵 5봉지와 캐러멜 10봉지만을 지급받은 채 의정부에 투입되었다. 공병은 비전투부대라는 이유로 총이 지급되지 않았는데, 적의 포격으로 전사자들의 시체가 널려 있는 전투장에서 총도 없이 경계를 선다는 것이 너무 두려웠다고 한다. 결국은 버려진 카빈 소총과 탄창을 주워 무장을 했지만, 적 탱크와 북한군이 밀려오면서 소속되어 있던 소대가 흩어지고 명령 체계가 완전히 무너진 채로 우왕좌왕하면서 후퇴를 거듭하게 된다. 모든 것이 혼란 그 자체였고 각자 알아서 살 길을 찾아야 하는 상황이었다. 한강다리가 이미 폭파되었다고 해서 서빙고의 한강변으로 가니 그곳에는 하나 남은 작은 배에 군인과 피난민들이 뒤섞여 서로 타려고 한꺼번에 몰려드는 바람에 그마저도 물속으로 가라앉아 버렸다. 결국 별수 없이 헤엄을 쳐서 한강을 건넜고, 오산까지 이르러서야 본대에 합류할 수 있었다고 한다.[15]

지연전, 필사의 사투

기습 남침을 감행한 북한군이 파죽지세로 내려오자 우리 국군은 북한군의 남진을 최대한 늦춰야 했다. 이에 조국 수호의 일념으로 온몸을 던져 희생한 장병들의 필사적인 사투가 많은 전선에서 있었다. 고랑포 지역의 국군들은 북한군 2개 사단을 한강 북쪽에서 저지시키기 위해 사력을 다했고, 그 사이 국군은 서울 이남에서 방어선을 구축하고 미군이 참전할 시간을 벌 수 있었다.

국군은 한강 이남으로 뿔뿔이 내려와 재집결한 병력으로 서울 동부의 광나루에서 김포에 이르는 한강방어선을 구축하고 북한군의 남진을 온몸으로 막아서며 미군이 도착할 때까지 지연전을 펼치게 된다. 한강대교가 폭파돼 한강 북쪽에 고립됐던 국군 병사들은 물에 뜨는 것은 뭐든 이용해 강을 건넌 뒤 피난민과 섞여 후퇴해 집결지에 하나둘씩 모여들고 있었다. 급식을 받고 휴식을 취하던 6월 29일 아침 무렵, 이들은 소속 부대를 따지지 않고 500명 단위의 혼성대대로 편성된 후 '혼성 수도사단,' '혼성 7사단'과 '혼성 2사단'으로 편제된다. 그러나 말이 사단이지 실제 병력은 연대 수준에 불과했다. 거듭된 전투와 후퇴로 피로도가 높은 데다 105㎜ 곡사포는 한강을 건너며 소실됐고, 박격포도 두 서너 문에 기관총마저 두세 정에 불과한 상태였다. 그나마 박격포조차 포신만 있고 받침대가 없는 경우가 대부분이었다. 게다가 혼성 사단이다 보니 지휘관과 부하가 서로를 알지 못해 명령이 제대로 하달되기 어려운 상황이었다고 한다. 사흘만 버텨도 다행이라던 이들이 엿새 동안 북한군의 도하를 막는다. 수없는 포격을 받았지만, 그나마 탱크가 강을 건너올 수 없어 버틸 수 있었다.[16]

스미스부대의 대전 도착 모습 (1950년 7월 2일, National Archive #111-SC-342731)

　미군 최초의 참전부대인 스미스부대가 부산 수영비행장에 도착해 대전을 지나 올라오고 있던 7월 3일, 노량진과 영등포 방어선이 북한군 전차부대에 무너졌다는 소식이 전해진다. 탱크의 지원 없이 한강을 건너는 게 불가능하다고 생각한 북한군은 국군 복장을 한 편의대를 노량진 쪽으로 침투시키기도 하고, 야간에 철도원들과 주민들을 동원해 한강철교 복구를 시도했다. 7월 3일 새벽, 부분적으로 복구된 철교로 4대의 북한군 탱크가 다리를 건너 남단을 확보한 뒤 후속 병

한강철교를 고쳐가며 건너오는 북한군 (국가기록원 CET48199-1_PI202002835343)

한강철교를 고쳐가며 건너오는 북한군 전차 (국가기록원 CET48199-4_PI202002834994)

력이 투입됐고, 열차편으로 13대의 탱크가 추가 투입돼 한강방어선을 붕괴시킨 것이다. 하루 뒤인 7월 4일 06시, 파주에서 철수한 육군 제1사단과 제3사단, 그리고 제2사단·제7사단·수도사단의 혼성 병력은 북한의 리권무 소장이 이끄는 북한군 제4사단 및 제105전차여단과 맞붙는다. 북한군들은 아군의 박격포와 전차포 집중 공격과 장애물에도 불구하고 유유히 전선을 돌파한다. 다급해진 아군이 수원성 북문을 폭파해 적의 진군을 지연시키려 했다. 하지만 이종찬 수도사단장이 전술적으로 큰 도움이 되지 않는다고 반대하여 그나마 수원성이 오늘날의 모습을 유지할 수 있게 되었다고 한다. 이때 전사한 것으로 추정되는 유해가 2011년 11월16일 성남시 분당구에서 발굴됐는데, 함께 발견된 전투화 밑창과 버클, M1 소총탄 등의 유품들은 열악한 장비로 적군을 막아내야 했던 당시의 처절하고 치열했던 상황을 말없이 보여준다.[17]

결국 북한군 탱크를 막지 못한 국군은 수원 방어선을 버리고 철수했다. 그래도 우리 국군의 잠시나마의 선전으로 미군 제24사단 병력이 오산 부근까지 진출해 방어선을 구축하는 데 필요한 황금 같은 시간을 벌어줄 수 있었다.

미군으로서는 처음으로 북한군과 교전을 벌인 미 제24보병사단 제21연대 제1대대의 처절했던 7월 5일 오산 죽미령 전투와 그들의 값진 희생도 기억해야 한다. 제21연대는 당시 일본 규슈 지방에 주둔 중이었는데, 제1대대장 찰스 스미스(Charles B. Smith) 중령은 진주만 폭격 당시 바다에 빠진 조종사를 구출한 공로로 훈장을 받았고, 이듬해인 1942년 과달카날 전투에도 참전한 베테랑 지휘관이었다. 제1

대대 2개 중대 406명의 병력이 '가능한 한 북쪽에서 북한군의 진군을 저지하라'는 임무를 띠고 7월 1일 오전 8시 이타즈케(板付) 공군기지를 거쳐 같은 날 오후 3시 부산 수영비행장에 도착한다. 이들은 대대장 스미스 중령의 이름을 따서 스미스부대(Task Force Smith)로 불리었다. 일 인당 M1 소총 실탄 120발과 이틀분의 식량을 배급받은 이들은 7월 2일 오전 8시 대전역에 도착했고, 7월 4일 오산역에 내린다. 여기서 그들은 밀러 페리(Miller O. Perry) 중령이 지휘하는 52포병대대와 합류한다. 포병대대가 오니 스미스부대원들은 천군만마를 얻은 듯 기뻐했다. 이들이 오산 죽미령에 도착한 건 7월 5일 새벽 3시. 대전에 사단본부를 설치한 제24사단장 딘(William F. Dean) 소장은 7월 4일 제34연대 1,981명의 병력이 도착하자 이들 병력을 스미스부대 후방의 평택과 안성에 배치해 적이 남하하는 길목을 차단하도록 조치했다.[18]

북한군 제105전차여단이 나타난 것은 7월 5일 오전 7시경. 스미스부대가 좌우측에 각각 1개 중대, 300미터 후방에 4.2인치 박격포, 그리고 52포병대대가 약 1.8km 후방에 포진한 채 540명 대원들이 전투식량으로 배를 채우고 있던 때였다. 스미스 중령이 제일 먼저 이들을 발견했다. 7시 30분경 전방에 추진된 관측병들로부터 탱크 8대가 1열로 접근하고 있다는 보고가 들어왔다. 이들이 3.6km까지 접근해 포 사정거리에 들어선 게 8시 경. 전방 측지 포스트에서 사격 개시 사인이 전해진다. 미군이 6.25 전쟁에서 첫 포를 발사한 시각이 8시 16분경. 탄착점을 조정한 즉시 고폭탄을 퍼부었지만, 북한군의 T-34 탱크는 아무렇지도 않다는 듯 남진을 계속해 왔다. 75mm 무반동총과 2.36mm 바주카포가 불을 뿜었고, 대전차포가 대전차용 고폭탄으로 탱크

이동 중인 스미스부대(미 제21연대 제1대대) D중대원들 모습 (1950년 7월 15일 촬영, National Archive #111-SC343465)

뒷부분을 명중시켜 겨우 탱크 2대를 세우는 데 성공한다. 그런데 불붙은 탱크에서 탈출한 북한군 한 명이 미군 기관총 부사수를 명중시켰다. 6.25 전쟁에서 첫 미군 전사자가 나오는 순간이었다.[19]

나머지 33대의 탱크는 스미스부대를 통과했다. 45분 만에 첫 접전이 끝나는 순간이었다. 이들은 페리 중령의 포병부대로부터 한 차례 공격을 받았지만, 대부분의 탱크가 저지선을 뚫고 남진을 계속했다.

오산 부근 소정리에서 34연대 바주카포 팀이 적 탱크를 공격하는 장면. 오른쪽의 부사수 Kenneth Shadrick 일병은 이 사진이 촬영된 직후 적 총탄에 전사했다. (1950년 7월 5일 찰스 턴불 Charles Turnbull 상사 촬영, Center for Military History, US Army) https://upload.wikimedia.org/wikipedia/commons/7/74/Osan_Bazooka_Team.jpg

파괴된 탱크에서 튀어나온 북한군 병사의 총격에 대대장인 페리 중령이 다리에 부상을 입지만 후송을 거부하고 계속 포격을 지휘했다. 북한군 제105전차여단은 스미스부대를 통과하면서 4대가 파괴되고 3대가 손상을 입었을 뿐이었다. 페리 중령은 부상당한 자신의 다리보다 대전차지뢰가 너무도 아쉬웠다.[20] 당시 한국에는 준비되어 있지 않던 대전차지뢰만 있었어도 북한군 탱크에게 그렇게 속수무책으로 당하지는 않았을 것이다.

한 시간쯤 뒤 탱크 3대를 앞세운 보병과 트럭 행렬이 나타났다. 그 길이가 10㎞정도 이어졌으니 북한군 제4사단 주력이 스미스부대 앞에 나타난 것이다. 2개 중대 병력으로 적 1개 사단을 막아선 것이다. 대전차포와 기관총이 불을 뿜기 시작한 건 11시 45분. 이후 세 시간 동안 전투가 계속됐지만, 오후 2시 반경 실탄이 떨어졌다. 더 이상 싸울 수 없게 되자 스미스 중령은 우측의 C중대부터 철수하도록 지시한다. 그러나 너무 상황이 급박하다 보니 좌측의 B중대에겐 철수명령이 완전히 전달되지 않아 제2소대가 낙오했을 뿐 아니라 움직일 수 없는 중상자는 놔두고 철수해야 했다.[21]

스미스부대의 저지선이 뚫렸다는 소식에 제34연대 해럴드 아이레스(Harold Ayres) 중령은 적정을 살피기 위해 바주카포로 무장한 순찰대를 오산 근처로 파견한다. 미 육군 사진사 찰스 턴불(Charles Turnbull) 상사도 미군이 북한군 탱크를 파괴하는 현장을 촬영하기 위해 따라 나섰다. 웨스트버지니아 출신의 열아홉 살 일병 케네스 섀드릭(Kenneth Shadrick) 일병과 함께 마을 밖 묘지 근처에서 사진을 찍던 중 북한군 탱크 두 대가 앞을 막아섰다. 재빨리 장소를 옮겨 서너 발을 발사한 바주카포 팀은 턴불 상사의 사진 촬영을 위해 하나, 둘, 셋을 세고 또 한 발을 발사하기로 했다. 이윽고 셋을 세고 발사한 뒤 명중 여부를 확인하러 몸을 일으킨 섀드릭 일병의 가슴과 오른 팔에 적탄이 박혔다. 중위 한 명이 그를 살피러 달려갔지만 이미 때는 늦었다. 앞길이 창창한 벽안의 청년이 머나먼 이국땅에서 스러지는 순간이었다. 이때가 오후 네 시경.[22]

스미스부대가 파죽지세로 남하하던 북한군을 6시간 15분가량 묶어둔 전과는 대단한 것이었지만 대가도 엄청났다. 북한군에게 42명의 전사자와 85명의 부상자란 피해를 입힌 스미스부대는 181명의 전사자와 실종자를 남기고 철수해야 했다. 중상을 입은 장교 한 명이 여섯 명의 중상자와 함께 누워있는 동안 우리는 앞으로 어떻게 되느냐는 질문을 받았다고 한다. 그 중위는 수류탄 1개를 쥐어주며 답한다. 이게 내가 해 줄 수 있는 유일한 것이라고.[23]

　스미스부대의 저지선을 뚫은 북한군이 계속 남하해 34연대 방어선까지 와해시키자 딘 소장이 직접 바주카포를 들고 탱크를 잡으러 나선다. 7월 20일 새벽 6시 반에 나서 실제로 적 탱크를 파괴시키기도 한 그는 오후에는 연대 병력의 후퇴를 지휘하던 중 전복된 트럭에 깔린 병사들을 구하기 위해 적 저격병을 향해 M1소총을 직접 발사하기도 했다. 부상병을 위해 물을 구하러 금강 계곡으로 내려갔다 실족해 낙오된 딘 소장은 복귀를 위한 오랜 노력에도 불구하고 8월 25일, 결국 북한군의 포로가 되고 만다.[24]

　스미스부대와 제34연대의 등장으로 미군이 참전했다는 사실이 알려져 북한군이 후퇴할 것을 기대했던 맥아더 원수와 딘 소장의 기대는 무산됐지만, 파죽지세로 남하하던 북한군 탱크를 잡고 늘어져 시간을 번 건 엄연한 사실이다. 스미스 중령은 1950년 11월까지 한국전에서 활약하다 전출 명령을 받고 미국으로 돌아갔다. 1965년 준장으로 예편한 그는 1975년 7월 대한민국 정부로부터 태극무공훈장을 받았다. 페리 중령은 1961년 준장으로 예편했는데, 1998년 우리나라의 외환위기 소식을 듣자 연금을 쪼개 모은 1천 달러를 우리 육군사관학교에 발전기금으로 기탁했다. 제24사단장 딘 소장은 휴전이 된 후 1953년 10월 4일 인천상륙작전 때 포로가 된 북한군 이학구 총좌와 교환됐고, 1955년 예편한다. 포로로 잡히기 전과 잡히고 난 뒤의 용감한 행적이 높이 평가돼 명예훈장이 수여됐다.

부산항에 미군이 도착하는 모습 (Dunlap 병장 촬영, 1950년 8월 6일, National Archive #111-SC-345283)

부산항에 도착한 미 해병대를 바라보는 시민들 (National Archive #127-GR-21-142-A1186)

바람 앞의 등불, 위기의 대한민국

최후의 방어선, 낙동강 전선

　낙동강은 대한민국의 사활을 건 최후 방어선이었고, 북한군에게는 8월 15일까지 전쟁을 끝내라는 김일성의 명령을 지키기 위해 넘어야 할 마지막 관문이었다. 낙동강 방어선의 최전선이었던 경상북도 왜관과 다부동은 대한민국의 임시 수도였던 대구로 향하는 길목이었기 때문이다. 이곳에서만 양측이 20만 명이 넘는 병력을 투입해 8월 초부터 인천상륙작전이 성공할 때까지 한 달 반 동안 사투를 벌였다. 양측을 합해 투입된 사단만 21개 사단이 넘는다. 북한군은 제4사단이 궤멸상태에 이르자 예비사단이었던 제2사단과 제9사단을 추가로 투입했고, 미군도 제24사단을 제2사단으로 교대해 투입하는 등 양측의 피해도 막심했다.[1]

　미 제8군 워커 사령관은 낙동강과 경상북도 동부 산악지역을 이어 남북으로 약 160km, 동서로 80km에 달하는 최후 방어선을 구축하

마산지역을 방어하는 제25사단 제5연대 병사들의 박격포 사격 (1950년 촬영, Orville Waldeman 하사, Carl Cannon 일병, Reginal Palmer 일병, James Moore 대위, Oakley Vanalstyn 일병, National Archive #111-SC-347574)

1950년 여름 낙동강 방어선에 투입된 미 제25사단 제64야전포병대대가 적진을 향해 105mm포를 사격하는 모습 (Wayne H. Weidner 일병 촬영, 1950년 8월 27일, National Archives #111-SC-347107)

고, 산악지역은 국군이, 낙동강 지역은 미군이 방어에 나섰다. 거센 공세에도 8월 15일까지 전쟁을 끝내지 못한 북한군은 8월 말 잠시 공세를 멈췄다. 민족의 독립기념일인 8월 15일까지는 전쟁을 끝내 "조국해방전쟁"을 마무리하겠다는 김일성의 야심찬 계획이 물거품이 된 뒤, 전열을 재정비해 9월 다시 공격을 개시했다. 때문에 낙동강 전투를 8월 공세와 9월 공세로 구분한다. 북한군은 끝장을 볼 생각으로 국군을 압박해 들어왔지만, 인천상륙작전의 성공으로 퇴각의 기로에 선다.[2] 낙동강 전선을 지킬 수 있었기에 미군을 포함한 유엔군의 지원 병력과 군수물자가 부산을 통해 들어올 수 있었고, 인천상륙작전을 성공리에 수행할 수 있었다.

낙동강 전선을 구축하는 동안 북한군의 남하를 지연시키는 데에도 많은 장병들의 희생이 있었다. 그럼에도 후퇴를 거듭하던 국군이 처음으로 대승을 거두어 사기를 고취시킨 전투도 있다. 화령장 전투인데, 1950년 7월 17일부터 21일 동안 국군 제17연대가 북한군 제15사단 2개 연대를 맞아 606명을 사살하면서 승리한 쾌거였다. 부산을 조기에 점령하려던 북한의 의도가 분쇄되는 순간이기도 했다. 이 전투에서는 제17연대 제1대대 출신으로 적의 포로가 됐다가 북한군으로 끌려나와 숨진 안타까운 경우도 있었다. 적 부상병 중 웃옷에 화랑 담배가 보여 물으니, '17연대 1대대 병력으로 포로가 된 지 8일째'라고 했단다. 그는 곧 숨졌고 옹진반도부터 이어진 그의 파란만장한 짧은 삶은 그렇게 허망하게 마감된다.[3]

치열했던 낙동강 전선의 상황은 강제규 감독이 만든 대표적인 6.25 전쟁 영화 『태극기 휘날리며』(2004)에서 볼 수 있다. 사실 이 영화는

6.25 전쟁 발발부터 휴전회담 막바지의 치열했던 고지전까지 전쟁의 거의 전 과정을 담고 있다. 영화는 1950년 6월 서울에서 시작해 7월엔 대구, 다시 8월의 낙동강 전선이 그려진다. 9월 서울수복 이후 10월에는 점령지 평양, 혜산진과 장단으로 무대를 옮기며, 이어서 1951년 7월에 있었던 피의 능선 두밀령 전투 현장이 그려진다.[4] 서울을 내어주고 한강을 건너 대구까지 가는 피난 행렬, 대구에서 모병관에 의해 군인이 된 뒤 낙동강 전선에서 있었던 혈투, 그리고 서울 수복과 평양 점령에서 중공군 개입으로 후퇴하는 과정, 마지막으로 고지전까지 영화의 주인공 형제가 겪은 일들은 6.25 전쟁 그 자체였다.

규모나 물량 면에서 이미 충무로를 훨씬 능가하는 헐리우드 전쟁영화에 익숙해진 한국 관객들의 호감을 사는 방법은 "가장 한국적인 것이 가장 세계적인 것"임을 보여주는 것이라고 했던 강제규 감독. 그는 이 영화를 통해서 흥행에 성공해야 하는 상업적 동기를 만족시키면서도 한반도 분단의 현실과 동족상잔의 아픈 기억, 그리고 통일이라는 역사적 사명까지 돌아보는 영화를 만든다는 쉽지 않은 도전을 성공적으로 이뤄냈다.[5]

영화에서 등장인물들은 가상의 사단 마크를 달고 출연한다. 실제 낙동강 전선에서는 왜관에서 낙성리까지 제1사단, 낙성리에서 의성까지 제6사단, 그리고 그 동쪽으로 제8사단과 수도사단, 제3사단이 나란히 배치돼 있었고, 왜관에서 현풍까지 미 제1기병사단, 그 남쪽으로 미 제24사단과 미 제25사단이 배치돼 있었다. 영화에 나온 전투 장면이나 38선 돌파, 평양 점령 등 이동 경로를 유추해 보면 주인공들은 제1사단 소속으로 추정되지만, 주인공 진태가 북한군 깃발부대 대좌가 되는 영화상 스토리 때문에 가상의 사단으로 설정한 듯하다.

영화의 도입부에서는 진태(장동건 분)와 진석(원빈 분) 형제의 가난하지만 단란한 가족이 소개된다. 생활이 넉넉지 못해 모든 자녀들이 교육의 혜택을 받을 여유가 없던 시절에는 집안에서 가장 똑똑한 아이 한 사람을 공부시키고 다른 가족은 그 아이의 학비를 보탰다. 그렇게 교육을 받고 성공한 아이는 집

대구역 앞에서 전선으로 떠나가는 국군 신병 아들을 전송하는 어머니의 모습 (1950년 12월 19일, 2010 국방화보, 대한민국 국군) https://www.flickr.com/photos/kormnd/7445956136/in/album-72157630292490846/

안을 책임지게 되는데, 그런 삶은 1970년대까지만 해도 주변에서 흔히 볼 수 있는 우리 사는 모습이었다. 진태도 똑똑한 동생 진석의 성공을 위해 자신을 희생하는 걸 행복으로 여기는 착하고 헌신적인 구두닦이 형이다. 진태에게는 언어장애를 갖고 있는 어머니와 시장에서 국수가게를 하는 착한 정혼자 영신(이은주 분)이 있다. 전쟁이 없었다면 이들은 1950년 가을 결혼해서 행복한 가정을 꾸렸을 것이다.

전쟁 소식에 가족들은 피난길에 올라 대구까지 내려온다. 그러다 이 두 형제는 현지 모병관에 의해 군에 입대하게 된다. 갑자기 없어진 동생 진석을 찾아 나선 진태는 전장으로 향하는 열차에 앉아있던

열차편으로 입대하는 학도병들의 모습 (2010 국방화보, 대한민국 국군) https://www.flickr.com/photos/kormnd/7445955888/in/album-72157630292490846/

진석을 발견하고 그저 동생을 보호하기 위해 함께 군에 가기로 한다. 그리고 차창 밖으로 잡은 어머니의 손. 꼭 돌아오라는 영신과의 마지막 이별. 누나와 엄마를 부르는 진석의 앳된 모습을 남기고 열차는 전장으로 향한다.

입대통지서를 받으면 철렁 내려앉는 가슴을 쓸어내리며 그래도 몇 번은 군 입대를 연장할 수도 있는 요즘에 비하면 청천벽력이 아닐 수 없다. 육군과 공군, 해군을 골라 지원할 수 있고 여러 시험을 거쳐 다양한 업무에 지원할 수 있는 세상이 되었어도 여전히 군 입대는 심리적으로 큰 부담인데, 영화 속 장면은 그냥 길 가다 군대 가게 된 형국이다. 그것도 그저 훈련이 아닌 진짜 전쟁터로 가야 하는 군대 말이다. 오늘날 마음의 준비와 계획까지 다 세우고 정해진 날을 받아 훈련소에 들어갈 때도 서러움이 북받쳐 눈물이 쏟아지는데 날벼락처럼 전쟁터로 끌려가니 그들의 심정이 어떠했을까.

난세를 살던 당시 젊은 사람이라면 국군이고 북한군이고 어느 쪽으로든 끌려가는 건 시간 문제였다. 진태와 진석이가 가족과 함께 대구까지 올 수 있었던 건 그나마 행운이었을지 모른다. "중대장이 본부 요원을 데리고 대구 시내에 가서 역전과 중앙로를 지나가는 사람들을 현지 징집하고 학도병을 모집"했다는 증언도 있으니, 진태 형제가 징집된 건 그저 영화 속 설정만은 아니다. 40세 미만 남자는 모두 모병 대상이었으며, 누구도 예외 없이, 심지어 아픈 부모의 약을 구하러 나온 사람조차도 무조건 데려갔다고 한다. 이들은 선임병이 뛰면 같이 뛰고 엎드리면 같이 엎드려 쏘라는 훈련만 받은 채 낙동강 전선에 배치됐다.[6]

북한군의 경우는 더했다. 서울을 점령한 북한군은 시내 학교에 소집령을 내리고 학생들을 모았다. 남학교의 경우 어느 정도 키 큰 학생들은 모두 징집돼 전장으로 끌려 나갔다. 키 큰 선배와 후배들이 끌려가는데 정작 자신은 키 작은 덕분에 생명을 구해 저학년들과 함께 앉아 김일성 찬양가를 배우며 그 길고 길었던 날들을 넘겼다는 얘기도 들었다.

평안남도 남포 고급중학교 3학년 안정일 학생은 1950년 3월 민청 간부교육에 갔다가 반 강제로 북한군에 입대했다. 형식은 지원이었지만 실제로는 반 강제였다. 신의주에서 3개월 정도 통신병 훈련을 받고, 6월 중순경 기차에 올라 6월 24일 저녁 연천 북방에 도착한다.

그가 속한 북한군 제13사단에서는 '국군이 38선을 북침 공격해서 반격 작전을 실시한다'며 수류탄과 실탄 백 발씩을 나눠줘서 이를 받고 대기하고 있었다고 한다. "그때 그 심정은 안 겪어본 사람은 도저히 이해 못 한다."[7] 끌려가는 젊은이들의 심정은 남과 북이 그다지 다르지 않았을 것이다.

하지만 남한의 경우는 다른 상황들도 있었다. 불의의 공격을 받은 남쪽에서는 피가 끓는 젊은 학생들이 가만히 있을 리 없었다. 징집되지 않은 학생들도 풍전등화의 조국을 구할 결의로 나선다. 대구 영남중 5학년 학생 47명이 이런 경우였다. 학도병으로 나가 싸우겠다고 결의한 게 7월 7일이었는데, 당시 교장선생님은 아직 문교부(지금의 교육부)에서 허가가 나지 않았으니 공부나 하라고 하셨다. 7월 12일이 되자 문교부에서 학도지원병을 허가하였다. 그래서 47명 전원이 지원해 대구농고에 주둔하던 의무부대에서 신체검사를 받았다. 1명이 색맹으로 불합격했지만, 총만 잘 쏘면 된다고 우겨서 전원이 범어동 동부초등학교에서 2주간 훈련받은 뒤 대구 삼덕초등학교에서 무장을 했다. 대구 여중생들의 환송까지 받아가며 경북 의성으로 갔다가 선산 장천초등학교에서 제1사단 제15연대로 편입돼 낙동강 전선으로 이동했다고 한다.[8]

전라도에서도 상황은 마찬가지였다. 금산농업중학교 4학년에 재학 중인 학생 42명은 교련선생님의 훈화에 감명받아 학도병에 지원했다. 7월 15일 전주중학교에 주둔하던 제7사단 제3연대에 합류해 여수를 거쳐 남원과 진주, 마산, 부산 동래까지 이동하면서 간간이 훈련을 받던 중 경상북도 칠곡에서 제1사단 제11연대 야전훈련소에 입대해 군번을 받고 낙동강 전선에 투입된다.[9]

낙동강 전선에서 90mm포를 발사하는 국군 제1사단 포병 (National Archive #111-SC-350451)

영화 『태극기 휘날리며』의 진태와 진석이도 낙동강 전선에 배치된다. 진태는 어린 진석을 집으로 돌려보내려고 지휘관에게 부탁과 탄원을 거듭하지만 받아들여지지 않는다. 진석은 어린 나이에 자원 입대한 승철(엄성모 분)이 지뢰작업을 하다 부상을 입고 고통을 견디지 못해 자살하는 걸 목격한다. 그는 전쟁의 참상을 눈앞에서 보고 큰 충격에 휩싸인다. 부대원들은 굶어죽느니 싸우다 죽는 게 차라리 낫다는 방향으로 의견을 모으고 기습조를 편성해 북한군을 급습한다. 진태는 진석을 제대시키겠다는 일념으로 무리하게 공을 세우려고 홀로 적진을 돌파하는 모험을 하는데 결국 승리의 일등공신이 되고, 전쟁영웅이 된다.

6.25 전쟁사에서 영화의 이 부분과 유사하게 전개된 실제 작전은 제1사단 제12연대가 다부동 전투에서 펼친 유학산 주봉 탈취전이다. 전투가 벌어진 것이 1950년 8월 중순경이니 무더위 속 영화 설정과 비슷하다. 국군 제1사단이 다부동 전선으로 이동한 것은 8월 12일. 김일성의 '8월 15일 전쟁 종료' 명령을 실현시키기 위해 북한군의 총공세가 지속되자 육군본부가 8월 11일, 방어선을 왜관과 다부동, 군위와 보현산을 잇는 선으로 축소했기 때문이다. 영화에는 나오지 않지만 미 제24사단은 8월 5일부터 낙동강을 건너오는 북한군 제4사단을 맞아 혈전을 벌이고 있었고, 낙동강 전역에서 북한군의 압도적 공세에 국군의 방어선까지 위험해진 상황이었다. 급기야 8월 16일, 일본에서 날아온 미 공군의 B-29 폭격기 98대가 왜관 북쪽 북한군 집결지역에 26분간 960톤의 폭탄을 투하하는 융단폭격을 실시해 공세를 누그러뜨렸다.[10]

유학산 주봉은 임시수도였던 대구를 방어하기에 유리했고, 적에게

가마솥 밥을 소쿠리에 담는 취사병들 (1950년 7월 14일, 2010 국방화보, 대한민국 국군)https://www.flickr.com/photos/kormnd/7445951682/in/album-72157630292490846/

는 대구 공격의 발판이 되는 곳이었다. 아군으로서는 이곳을 점령당하면 국가의 존립이 위태로워지는 위험한 상황에 처하기 때문에 무조건 확보해야만 했다. 그만큼 적군들로서는 반드시 탈취해야 하는 곳이었다. 8월 18일에는 유학산 인근 가산을 점령한 북한군의 박격포탄이 대구역에 떨어지면서 우리 정부는 부산으로 이동하고, 대구 시민들은 대혼란에 빠지기도 했다.[11]

국군 제1사단은 미 제27연대와 협공을 펼쳐 북한군에 맞섰지만, 8월 19일 수암산(518고지, 일명 숲데미산)을 다시 빼앗기고 만다. 상황이 다급해지자 미군은 제2사단 제23연대를, 우리 군은 제8사단 제10연대를 추가로 배치한다. 영화에는 나오지 않지만, 당시 유학산 주봉 전투에서는 미군의 활약과 희생 또한 컸다.

이미 이틀에 걸쳐 7차례나 고지를 공격한 제1사단 제12연대 제10

미 공군의 폭격 장면 (1951년 10월 18일, National Archive #342-AF-80936AC)

중대는 8월 23일 새벽, 아침을 먹고 출발, 7~8부 능선에서 점심을 주먹밥으로 때우고 계속 올라가 어둠이 내릴 무렵 적진지에 도착한다. 북한군들이 총을 쏜 다음 수류탄을 던진다는 걸 역이용해서 고개를 숙이고 있다 수류탄을 던질 때 집중 사격을 가하여 적군을 산 정상까지 몰아붙일 수 있었다. 정상까지 험준한 절벽을 타고 올라가 보니 벌써 날이 밝아왔다. 마침 새벽안개가 자욱이 내려 북한군의 시야를 가려줬고, 제10중대원들은 이 틈을 타서 수류탄을 던지며 정상으로 돌진해 마침내 유학산 주봉을 점령하는 데 성공한다. 고지를 점령한 제10중대원들은 눈물을 흘리며 제20연대가를 힘차게 불렀고 바로 옆 부봉을 점령한 제9중대 중대원들도 같이 불렀다.[12]

그런데 왜 제1사단 제12연대 제10중대 대원들이 제5사단 제20연대가를 불렀을까. 이들 제9중대와 제10중대 대원들은 전쟁 발발 당

낙동강 전투에서 탱크에 엄폐 중인 미 해병 (1950년 8월 17일, National Archive #127-GR-27-194-A1862)

낙동강을 도하하려는 북한군을 공격하기 위해 대기하는 미 9연대 병력 (1950년 9월 3일, National Archive #111-SC-347856)

시 제5사단 제20연대 소속이었다. 서울 용산에서 경기도 시흥에 이르기까지 북한군의 남진을 거의 맨몸으로 막아서며 지연시키는 임무를 맡았던 제5사단은 사단 전체가 궤멸에 가까운 피해를 입었다. 결국 병력들은 뿔뿔이 흩어져 재편성되고 급기야 7월 17일 사단이 해체되고 말았다. 유학산 주봉에 오르니 함께 몸 바쳐 싸우다 먼저 스러져 간 전우들 생각에 북받쳐 오르는 감정을 억누르기 힘들었을 것이다.

제20연대는 2019년 대한민국 육군의 여섯 번째 독립 기갑여단인 제20기계화보병여단으로 독립했다. 적군의 남하를 맨몸으로 저지한 역사를 보존해야 한다는 취지에서 독립하게 됐다고 한다. 지금의 제5보병사단은 인천상륙작전 이후인 1950년 10월 8일 대구에 주둔 중이던 제27연대와 마산에 주둔하던 제35연대, 부산에 주둔하던 제36연대를 근간으로 재창설된 것이다.

군번 없는 영웅들, 책 대신 총을 들고

낙동강 전선을 말하면서 학도병들의 활약을 얘기하지 않을 수 없다. 『포화 속으로』(2010)는 『장사리-잊혀진 영웅들』(2019)과 함께 군번 없는 영웅, 책 대신 총을 든 학도병들의 이야기를 다룬다. 학도병들이 벌였던 3대 주요 전쟁으로 화개장터 전투와 포항여중 전투, 그리고 장사리 상륙작전을 들 수 있다. 이 중에서 두 전투가 영화로 만들어져 스러져간 소년들을 우리 가슴 속으로 불러들인다. 검은 교복에 검은 교모 차림의 학도병들은 '깜둥강아지'라고 불렸다고 한다.[13]

1950년 7월, 여수와 순천 등 전남 지역 학생 183명이 제1사단 제

15연대에 자원입대하여 9일간 기초훈련만 받은 채 경상남도 하동군 화개장터 건너편 야산에 배치된다. 이들은 7월 25일, 하동과 진주를 거쳐 부산을 점령하려던 북한군 제6사단과 맞선다. 앞서 얘기한 중국 인민해방군 제166사단이 북한으로 들어와 만든 그 사단이다. 북한군 최정예 사단을 어린 학도병 183명이 세 시간 동안 잡아두며 70여 명이 희생되는 사투를 벌였다. 이들의 희생으로 낙동강 방어선 구축에 결정적인 시간을 벌 수 있었다. 이들이 없었다면 낙동강 방어선을 구축하기도 전에 북한군 최정예 병력에 의해 측면이 무너지면서 학도병들이 그대로 부산에 들어왔을 것이다. 2007년 4월 24일, 학도병들의 유해가 화개장터 뒷산에서 발굴돼 당시의 상황을 묵묵히 증언한다.[14]

한 달 뒤 포항여중에 임시 대기하던 학도병 71명이 포항에 들이닥친 북한군 제12사단, 제5사단, 유격 제766부대와 맞서 11시간 동안 혈전을 벌인다. 이들은 대구에서 출범한 '대한학도의용대'로 안동의 수도사단 후방지휘소에서 김석원 수도사단장의 지휘를 받았다. 전쟁 전에는 성남중학교 교장 선생님이었던 김석원 장군에 대한 존경심으로 똘똘 뭉쳐 제1연대의 안동교 후퇴작전에서 엄호사격 임무를 수행해 북한군의 안동교 진입을 막는 등 공을 세우기도 했다. 8월 뙤약볕 아래서의 맹훈련도 마다하지 않던 이들이 검문소에서 헌병들을 도와 피난민에 섞여 내려오는 간첩을 색출해 내던 8월 6일, 김석원 장군이 제3사단장으로 전보명령을 받았다는 소식을 듣는다. 새로 사단장으로 부임한 백인엽 대령은 대학생에겐 상사, 중학생에겐 하사의 계급장을 줄 테니 현지 입대하라고 권유한다. 학도병 87명 중 입대한 사람은 16명뿐이었고 나머지 71명은 학도병 자격을 원했다. 하는 수 없이 백인엽 사단장은 무기와 군복을 회수하고 즉시 집으로 돌아가라고

화개장터에서 학도병들의 분전으로 북한군 제6사단이 주춤한 사이 미 제 25사단 병력이 진주로 이동하는 장면 (1950년 7월, National Archive #111-SC-349990)

명령한다. 군복을 벗고 다시 교복을 입은 71명의 학도병들은 집으로 가지 않고, 의성과 경주를 거쳐 김석원 장군의 제3사단이 있던 포항에 도착한다. 바로 8월 10일이었다.[15] 이재한 감독의 『포화 속으로』(2010)는 이들의 이야기를 담았다.

 첫 장면은 총탄이 빗발치는 시가전으로 시작한다. 학도병 오장범(T.O.P. 분)은 전장에서 실탄을 이곳저곳으로 나르는 일을 맡는다. 잔심부름 같지만 탄약을 제때 분배하는 건 작전 성공의 사활을 가름하기 때문에 몹시 중요한 일이다. 영화 "The Outpost"『아웃포스트』(2020)에서 명예훈장을 받은 카터 병장의 임무가 바로 탄약 분배였다. 영화 "Saving Private Ryan"『라이언 일병 구하기』(1998)의 마지막 전투장면에서 탄약분배를 제대로 하지 못하면 어떤 결과가 나오는지 영화를 본 사람들은 알 것이다. 오장범은 적탄이 비 오듯 쏟아지는 시가전 속에서 항상 자신을 돌봐주던 김준섭 중위가 눈앞에서 북한군 총검에 찔리는 걸 보고도 겁에 질려 장전 하나 제대로 못 하는 유약한 존재로 나온다. 북한군 제5사단 유격 766부대가 밀고 들어오자 국군은 후퇴하고 오장범은 부상당한 김준섭 중위를 업어서 병원까지 옮기지만 그는 끝내 숨을 거둔다. 그렇게 그의 여정은 시작된다.

그 다음 장면이 포항여중이다. 영화에서 학도병들이 포항여중에 도착하는 장면이 나오는데 대부분 전쟁터에 처음 나오는 신임 학도병으로 설정된다. 실제로는 앞서 얘기한 것처럼 이때 이들은 이미 실전을 경험해 본 학생들이었다. 하여튼 강석대 대위(김승우 분)는 오장범을 중대장으로 임명하고 낙동강 전선으로 이동한다. 학도병들끼리 남아 포항을 지키게 된 것이다. 경찰서에서 인계된 폭력범들이 학도병으로 합세했는데, 구갑조(권상우 분)를 비롯한 이들 3인조가 사사건건 말썽을 일으킨다. 실제로 이들이 포항에 도착한 8월 10일 상황은 급박했다. 북한군 766부대와 제5사단이 포항 북방 9㎞까지 내려와 포항시민들이 피난을 서두르고 있었고, 사단지휘소도 사정권을 피해 장사동으로 이동하던 때였다. 학도병들은 후방지휘소인 포항여중에 배치된 뒤 영화와는 달리 투표로 간부를 결정한다.[16]

박무랑 소좌(차승원 분)가 이끄는 북한군 766부대. 인기스타 차승원 배우가 부대장으로 나오고 극 중에서 김일성으로부터 직접 명령을 받았다는 대사 때문에 보통 766부대를 영화 속 설정으로만 알기 쉽다. 그러나 766부대는 1949년 4월 회령에 위치한 제3군관학교에서 창설된 특수부대이다. 적 후방에 침투해 교란작전과 양면작전을 수행하는 경보병 특수부대로 양성되었다. 창설 당시 3천 명 규모로 정규 연대 병력을 상회하는 6개 대대로 편성됐다.[17]

6.25 전쟁 발발 당일, 766부대의 임무는 세 가지로 분석된다. 첫째는 북한군 제5사단의 선봉에 서서 국군 제8사단 제10연대를 정면 공격하는 것. 둘째는 정동진과 임원으로 상륙해 우리 제8사단의 후방을 공격하는 것. 셋째는 수송선을 타고 부산항으로 몰래 상륙해 주요시설을 파괴하고 점령하는 것. 766부대는 이를 위해 세 그룹으로 나뉜 것으로 보인다. 첫 번째 그룹의 2개 대대는 함경남도 원산과 강원도 간성에서 상륙함에 승선한다.[18] 이들은 보병 공격 개시 시간인 새벽 4시보다 한 시간 앞선 새벽 3시, 강원도를 지키고 있던 우리 국군 제8사단 후방의 정동진과 임원진에 상륙해 삼척과 태백산맥 쪽으로 진군했다. 두 번째 그룹의 3개 대대가 북한군 제5사단 선봉에서 정면 공격해 들어오자 국군 제8사단은 전·후방에서 협공을 받게 됐다.[19] 국군 제8사단 제21연대가 766부대를 맞아 싸웠는데, 상황이 위급하여 지원을 요청했지만, 38선 전체에 걸쳐 우세한 전력을 갖춘 북한군의 압도적 공세가 진행되고 있던 터라 지원 병력이 올 수 없는 형편이었다. 게다가 통신과 보급마저 원활치 않아 결국 철수하고 후퇴할 수밖에 없게 된다.[20] 이로써 국군의 동부전선이 와해되어 한국의 동쪽이 북한군 수중에 넘어갔으니 766부대의 기세가 오를 만했다.

　한편 마지막 그룹인 766부대 1개 대대는 추가 병력과 함께 600명 규모의 588부대를 만들어 유엔군이 부산항에 상륙하지 못하도록 주요 시설을 파괴하는 임무를 받는다. 이를 위해 수송선으로 이동해 부산항을 급습하려 했지만, 부산항 외곽에서 우리 해군 백두산함에 발견돼 침몰되면서 전멸한 것으로 추정된다.

　백두산함은 전면전이 일어난 줄도 모르고 동해안으로 항해하던 중 6월 25일 오후 6시 38분 괴선박을 발견한다. 선체는 까맣게 칠한 채

배 명칭과 국적기도 없어 수기와 라이트로 국적과 목적지 등을 물었지만, 대답하지 않고 계속 남하하는 것이었다. 3인치 주포로 위협사격을 하려고 90m까지 접근했을 때 괴선박 뱃머리와 함교 뒤에서 85㎜포와 중기관총, 그리고 갑판 위엔 600명가량의 북한군이 가득 타고 있는 게 육안으로 확인됐다.[21]

기관포 탄환을 장전하는 우리 해군 (국가기록원 CET47877-36_PI201902466963)

1950년 3월 17일 하와이 진주만에서 3인치 주포가 설치되는 백두산함 (Naval History and Heritage Command #NH 97002)

해군사관학교 교정에 우뚝 서 있는 대한민국 백두산함의 돛대 (문화재청 국가문화유산포털)

27일 0시 30분 사격 개시! 레이더도 없고 눈으로 보고 수동으로 발사하던 때라 어두운 밤에 스무 발을 쐈지만 용케 다섯 발이 명중됐고 적선 측면에 큰 구멍을 냈다. 좀 더 가까이 접근해 10발을 더 명중시키자 화염과 검은 연기가 적선을 에워싸면서 선체가 20도 정도 기울어진 채 침몰하기 시작했다.[22]

우리 주포 격발장치 고무스프링이 50분간 발사하면서 생긴 열에 녹아버린 게 1시 20분. 중기관총으로 사격하기 위해 더 접근했을 때 침몰하던 적선에서 발사한 85㎜ 포탄이 우리 함교에 명중, 승조원 2명이 부상당하고 2명이 전사한다. 적선의 사격권을 벗어나 주포를 수리한 뒤 1시 35분경 돌아왔을 때 적선의 모습은 없고 검은 기름과 부유물만 보일 뿐 네 시간 동안 수색해도 생존자를 찾을 수 없었다고 한다. 이 전투가 대한민국 해군사에 빛나는 대한해협 전투이다. 백두산함의 3인치 주포는 해군사관학교 교정에 전시되어 있다.[23]

이제 영화로 들어가 보자. 약 300여 명의 766부대원이 포항에 나타난 것은 8월 11일 새벽이었으니 학도병들이 도착한 다음날이다.[24] 영화 『포화 속으로』에서 보면, 766부대원이 나타났다고 하는데도 낙동강 상황이 너무 긴박해 지원 병력을 보내줄 형편이 되지 않았다. 영화에서도 지원 요청을 받는 장면이 나오지만, 들려오는 적의 포격 소리가 상황이 녹록치 않음을 보여준다. 그렇게 학도병들은 대를 위해 희생되어야 하는 입장에 처한다는 설정이다. 실제로도 포항의 전략적 중요성 때문에 미 8군 사령부가 브래들리 특수임무부대와 '민부대'로 알려진 민기식 별동대, 제3사단과 수도사단 일부 병력까지 차출해 지원하려 했지만, 브래들리 부대가 영일만으로 가는 길목에서 복병을

만나 분산됐고 포항부대도 북한군 제12사단에 패해 가지 못했다.[25]

영화는 11시간 동안 있었던 학도병들의 사투를 그리고 있다. 신품 M1 소총과 일인당 250발의 실탄을 지급받은 학도병들은 포항여중 담벼락에 진을 쳤고 사단 군악대와 행정병 50여 명이 학교 뒷산에 배치돼 적 진입로를 경계하고 있었다. 8월 11일 새벽 4시. 적 척후병 20여 명이 나타나자 이들을 근거리까지 유인해 전멸시킨 게 1차 교전. 아침 6시, 본진이 학교를 공격해 왔다. 1시간의 접전이 계속됐고, 논에서 사격하던 적들이 피해를 입고 후퇴한 게 2차 교전이었다. 이때 사단본부에서 전화가 와 영덕에서 아군이 남하 중이란 사실을 알려주며 사수명령을 내린다. 이후 연락이 끊겨 이들은 고립된다. 두 번이나 공격에 실패한 766부대가 이번엔 아예 3면을 포위해 공격해 왔다. 이 역시 막아내긴 했지만, 이 과정에서 뒷산을 지키던 군악병과 행정병들이 사라졌다. 영화에선 박무랑 소좌가 백기를 달고 항복을 권유하러 오는 장면이 나오는데 북한 병사 한 명이 실제로 백기를 흔들어 항복을 권유하자 학도병들이 그를 사살했다고 한다. 그러자 북한군은 확성기로 30분을 줄 테니 생각해보라면서 한 명만 나와 보면 '환영의 모범'을 보여주겠다고 했다. 한 명이 몇 발 나서자 북한군이 사격해 와 양측이 일제사격에 나서면서 네 번째 교전이 시작됐다. 이번에는 학교 뒷산에서도 적군이 공격해 와 더는 버티지 못하는 상황, 실탄마저 떨어지고 만다. 이들은 남은 수류탄을 던지고 빈 총을 들고서 백병전에 나선다.[26]

마침내 지원 병력이 도착해 북한군을 물리치지만, 오장범은 강대위의 품에서 숨을 거둔다. 학도병 71명 중 전사 48명, 실종 4명, 포로 13명, 부상으로 인한 후송 6명. 굳이 덧셈을 해보지 않아도 멀쩡한 대원은 모두 포로로 끌려갔다는 사실을 알 수 있다. 이들도 북한군의 회유에 굴하지 않고 견디다 아군기의 공습을 틈타 탈출에 성공해 사단으로 돌아올 수 있었다. 전사자 48명의 시신은 김석원 사단장의 명령에 따라 수습되어 가매장됐고, 그 앞에는 다음과 같은 표지가 세워졌다.

"여기 장렬히 싸우다 잠든 48구의 학도병이 있음. 후에 다시 찾을 때까지 누구도 손을 대지 말 것. 국군 제3사단장 백"[27]

영화의 피날레에선 오장범의 품에 고이 간직된 어머니에게 보내는 편지가 클로즈업된다. 실제로 학도병들의 애달픈 사연은 동성중학교 이우근 학생의 숨진 품에 간직되어 있던 서신을 통해서 절절히 전해졌다. 영화 『포화 속으로』의 주인공 오장범은 이우근 학생이 투영돼 그려진 인물로 보인다.

"어머님! 나는 사람을 죽였습니다. 그것도 돌담 하나를 사이에 두고, 10여 명은 될 것입니다. 저는 2명의 특공대원과 함께 수류탄이라는 무서운 폭발 무기를 던져 일순간에 죽이고 말았습니다. 수류탄의 폭음은 저의 고막을 찢어 놓고 말았습니다. 지금 이 글을 쓰고 있는 순간에도 제 귓속은 무서운 굉음으로 가득 차 있습니다.
어머님! 괴뢰군의 다리가 떨어져 나가고, 팔이 떨어져 나갔습니다. 너무나 가혹한 죽음이었습니다. 아무리 적이지만 그들도 사람이라고 생각하니 더욱이 같은 언어와 같은 피를 나눈 동족이라고 생각하니 가슴이 답답하고 무겁습니다.
어머님! 전쟁은 왜 해야 하나요. 이 복잡하고 괴로운 심정을 어머님께 알

학도의용군 명비와 동상 (대한민국역사박물관 근현대사디지털아카이브) http://archive.much.go.kr/data/01/folderView.do?jobdirSeq=1050

이우근 학생의 편지 (대한민국역사박물관 근현대사디지털아카이브) http://archive.much.go.kr/data/01/folderView.do?jobdirSeq=1050

려드려야 내 마음이 가라앉을 것 같습니다. 저는 무서운 생각이 듭니다. 지금 저 옆에는 수많은 학우들이 죽음을 기다리고 있는 듯, 적이 덤벼들 것을 기다리며 뜨거운 햇볕 아래 엎디어 있습니다. 저도 그렇게 엎디어 이 글을 씁니다. 괴뢰군은 지금 침묵을 지키고 있습니다. 언제 다시 덤벼들지 모릅니다. 저희들 앞에 도사리고 있는 괴뢰군 수는 너무나 많습니다. 저희들은 겨우 71명 뿐입니다. 이제 어떻게 될 것인가를 생각하면 무섭습니다. 어머님과 대화를 나누고 있으니까 조금은 마음이 진정되는 것 같습니다.

어머님! 어서 전쟁이 끝나고 "어머니이!" 하고 부르며 어머님 품에 덜썩 안기고 싶습니다. 어제 저는 내복을 제 손으로 빨아 입었습니다. 비눗내 나는 청결한 내복을 입으면서 저는 한 가지 생각을 했던 것입니다. 어머님이 빨아주시던 백옥 같은 내복과 제가 빨아 입은 그다지 청결하지 못한 내복의 의미를 말입니다. 그런데. 어머님, 저는 그 내복을 갈아입으면서, 왜 수의를 문득 생각했는지 모릅니다.

어머님! 어쩌면 제가 오늘 죽을지도 모릅니다. 저 많은 적들이 저희들을 살려두고 그냥은 물러갈 것 같지가 않으니까 말입니다. 어머님, 죽음이 무서운 것은 결코 아닙니다. 어머니랑, 형제들도 다시 한번 못 만나고 죽을 생각하니, 죽음이 약간 두렵다는 말입니다. 하지만 저는 살아가겠습니다. 꼭 살아서 돌아가겠습니다. 왜 제가 죽습니까, 제가 아니고 제 좌우에 엎디어 있는 학우가 저 대신 죽고 저만 살아가겠다는 것은 절대로 아닙니다. 천주님은 저희 어린 학도들을 불쌍히 여기실 것입니다.

어머님 이제 겨우 마음이 안정이 되는군요. 어머니, 저는 꼭 살아서 다시 어머님 곁으로 달려가겠습니다. 웬일인지 문득 상추쌈을 게검스럽게(게걸스럽게) 먹고 싶습니다. 그리고 옹달샘의 이가 시리도록 차거운 냉수를 벌컥벌컥 한없이 들이키고 싶습니다.

어머님! 놈들이 다시 다가 오는 것 같습니다. 다시 또 쓰겠습니다. 어머니 안녕! 안녕! 아뿔싸 안녕이 아닙니다. 다시 쓸 테니까요…… 그럼…. 이따가 또……….."[28]

이 피 묻은 사연들이 있었기에 20여만 명의 민간인들이 무사히 피난할 수 있었고, 북한군 제5사단에 퇴로가 막힌 우리 제3사단 병력이 무사히 철수할 수 있었다. 제3사단은 이후 38선을 돌파하는 최초의 사단이 되고, 오늘날 하늘을 찌르는 백골의 기상으로 중부전선에서 포효하고 있다. 이우근 학생의 편지는 포항시 용흥동 탑산 위에 세워진 비석에 새겨져 아직까지 보는 이의 심금을 울린다. 당시의 전적지인 포항여고 앞에도 학도의용군 6.25 전적비, 이우근 학생의 편지비, 그리고 포항지구전투 학도의용군 전승기념관이 그날을 기억하고 있다.

학도병의 상륙작전

학도병들이 경상북도 영덕군 남정면 장사리 해변에 상륙한 건 포항여중 전투 한 달 뒤인 9월 14일이다. 육군 작전명령 174호에 의한 것이었다. 인천상륙작전 성공을 위해 장사리에 우리 군 주력부대가 상륙하는 것처럼 위장하는 이 작전에 학도병 등 772명과 지원 요원 56명의 독립 제1유격대대가 투입된다. 이들은 지휘관 이명흠 대위의 이름을 따서 '명부대'로 불렸다. 밀양과 부산에서 2주간의 훈련을 받았지만 실전 경험은 없었다. 대대급 병력이었지만 사단이 상륙하는 것처럼 사단의 편제를 갖췄고, 문산호에 승선하는 과정에서도 미군과 학도병들이 번갈아 승선하고 하선하기를 반복했다고 한다. 미군이 승선하는 것처럼 적의 정탐을 혼동시키기 위한 조치였다. 아무도 왜 승선과 하선을 반복하는지, 또 왜 9월 14일에 작전을 실시하는지 몰랐다고 한다.[29] 원래는 타고 갔던 문산호를 다시 타고 철수할 예정이었지만, 태풍으로 문산호가 좌초되는 등 작전이 틀어진다.

이들의 이야기를 담은 영화가 바로 곽경택·김태훈 감독의 『장사리-잊혀진 영웅들』(2019)이다. 폭우가 내리는 밤바다 낡은 수송선 한 척. 뱃멀미에 허덕이는 학도병들을 태운 문산호다. 훈련도 부족하고 상륙용 보트도 부족한 상황에서 오로지 인천상륙작전을 노출시키지 않고 북한군의 오판을 유도하기 위해 작전을 감행한 것이다. 악천후로 해안선 접안도 여의치 않은 상황에서 상륙을 해야 하는 최악의 상황이다. 실제로 학도병들의 뱃멀미가 심했던 건 이들의 사기를 높인 다고 배 안에서 푸짐한 보급품을 나눠줬기 때문이다.[30]

"나라가 없이 제군들이 존재할 수 있나? 나라가 없이 부모 형제가 존재할 수 있나?" 상륙 직전 대대장 이명준 대위(김명민 분)가 학도병들에게 던진 물음은 3대째 내려오는 대한민국 대표 군가 '진짜 사나이'(작사 유호, 작곡 이흥렬)의 한 대목과 흡사하다. "산봉우리에 해가 뜨고 해가 질 적에, 부모 형제 나를 믿고 단잠을 이룬다." 목함 지뢰 사건으로 남북이 일촉즉발의 대치를 하던 2015년 8월, 그토록 기다리던 전역마저 미루고 최전방을 지켜낸 병장들이 수화기 너머 부모님에게 눈물 머금고 묻던 바로 그 안부이기도 하다. 얼마나 상황이 급박했으면 어린 학생들이 총을 거머쥐고 전장에 나섰을까.

지금 50대 이상 세대만 해도 고등학교 때 군복과 비슷하게 생긴 교련복을 입고 군사훈련을 받았다. 제식훈련은 물론 6.25 전쟁 때 쓰던 M1 소총 분해 결합도 했다. 여고 학생들도 응급처치 등을 할 수 있는 간호 병력으로 전장에 투입되는 훈련을 받았다. 학도병의 명맥은 그렇게 이어졌다. 세계 10위권으로 성장한 우리 경제력이 국방력을 뒷받침해 주면서 다행스럽게 교련복은 추억 속으로 사라지게 된다.

영화 『장사리-잊혀진 영웅들』을 보면, 상륙 보트도 부족한 상황에서 악천후가 계속되자 선장은 "아(이)들을 바다 한가운데 내려줄 수 없다"며 해안으로의 접안을 시도한다. 배를 버리고 학도병들을 살리기로 각오한 것이다. 해안을 지키던 북한군들의 사격이 시작된다. 포탄이 떨어지는 와중에 구명정을 타고 해안에 상륙해 밧줄을 연결해 줘야 할 선발대가 적탄을 맞고 하나 둘 바닷속으로 빠지고, 상황은 점점 더 악화된다. 보다 못한 선장이 밧줄을 메고 직접 나서고, 학창시

장사리 해변에 좌초된 문산호. 우측에 한글로 쓴 '문산'이라는 글씨와 태극기가 선명히 보이고 BM667이란 숫자가 어렴풋이 보인다. 열려진 선수로 1200이라는 숫자가 미 해군 상륙함 USS LST-1200이었단 사실을 말해준다. 사진 위쪽으로 우리 LST선 조치원호와 그 오른쪽에 미 해군 수리함 볼스터 (USS Boster, ARS-38)호가 보인다.(National Archive #80-G-420861)

절 수영선수였던 학도병 소대장 최성필(최민호 분)도 따라나선다. 이들이 가까스로 해안에 밧줄을 연결해 상륙에는 성공하지만, 선장을 비롯한 선원들이 희생된다.

실제 상륙작전은 영국 구축함 Q-34호의 함포 지원 하에 실시됐다. 적 해안 초소 200m 지점에서 상륙을 위해 뱃머리 하단 도크를 열었을 때 강한 바람과 파도에 배가 좌초됐고 때맞춰 떨어진 적 포탄에 기관마저 파손된다. 특공조로 일곱 명을 보내 백사장 소나무에 밧줄 네 줄을 연결하는 데 성공해 상륙이 개시됐지만, 비 오듯 쏟아지는 적 사격에 상륙과정에서만 60여명이 전사하고 90여명이 부상당한다. 1파로 상륙한 제28연대 병력이 적 토치카로 접근해 점령하는 장면은 영화에서도 나오는데, 실제로는 연대장이 전사한 가운데 육탄공격으로 토치카 3개소를 파괴했다. 적이 퇴각한 한 고지에는 북한군 기관총 사수 3명이 쇠사슬로 발이 묶인 채 벌벌 떨고 있었는데, 나이를 물어보니 두 사람은 열다섯, 한 사람은 열일곱 살이라는 것이었다. 학도병들보다 어린 나이 병사들만 남겨두고 내륙으로 퇴각한 것이다. 영화에서 경기고 학생이라는 설정은 이 대목을 묘사한 것이다. 이렇게 해안 점령 과정에서 3명의 포로를 잡는다. 이때가 오후 2시 50분, 상륙 개시 10시간을 넘어선 시각이었다. 태풍 케지아호가 비를 뿌리기 시작한 건 그날 밤부터였다.[31]

구출 직전 항공기가 촬영한 문산호 학도병들 (National Archive #111-SC-349898)

치열한 백병전 끝에 해안 상륙에 성공한 이들은 이제 무사히 철수해야 하는 임무를 남겨놓는다. 그러나 돌아갈 배도 없어졌고 식량도 장비도 부족한 데다 무전기도 고장 난 상황이었다. 엎친 데 덮친 격으로 북한군 2개 연대와 탱크 네 대가 포항에서 장사리로 이동 중이었다. 구조선이 올 때까지 북한군을 막아야 한다. 이명준 대위는 북한군 복장으로 위장하여 북한군들의 이동 경로를 선제 차단하는 데 성공한다. 그러나 이 과정에서 학도병들을 아끼던 류태석 일등상사(김인권 분)가 전사한다. 마침내 구조선은 도착했지만, 그보다 먼저 북한군들

문산호 (사진 상단 중간) 구출을 위해 구조작업선을 띄우는 중순양함 헬레나 (USS Helena, CA-75) 선상에서 찍은 사진. 문산호 오른쪽으로 조치원호와 볼스터 (USS Boster, ARS-38). 사진 상단 왼쪽에는 미 해군 소형 구축함 도일함 (USS Doyle). (National Archive #80-G-420836)

이 도착하는 바람에 그들과 교전하면서 후퇴하느라 피해가 극심했고, 일부는 해안에 놔둔 채 철수할 수밖에 없었다는 줄거리다.

실제로 해안을 점령한 명부대는 병력을 재편해서 일대 30여리 지역을 장악하고 낙동강 전선으로 향하는 적 보급로를 차단했다. 북한군 사령부가 가만있을 리 없었다. 9월 16일 저녁, 북한군 2개 연대가 접근하고 있다는 보고가 들어온다. 영덕에 상륙한 부대를 섬멸하라는 김무정 제2군단장의 명령을 받은 부대가 다름 아닌 766부대와 제5사단이었다. 학도병들과의 억센 악연이 아닐 수 없다. 해변 좌우측 고지에 참호를 파고 방어태세를 갖추던 명부대 앞에 전차 4대를 앞세운 2개 연대 병력이 나타난 건 9월 17일 새벽 5시. 두 차례에 걸친 치열한 교전을 가까스로 넘긴 명부대는 지휘본부를 200고지에서 문산호로 옮긴다. 최후까지 버티다 문산호로 옮겨 전사하겠다는 의지를 표명한 것이다. 9월 17일 오전 9시에 이명흠 대위가 육해공군 사령관 앞으로 보낸 전문에서도 옥쇄(玉碎)하겠다는 각오를 피력한다. 옥쇄란 끝까지 사수하다 자결한다는 일본식 용어로 영화 "Letters From Iwo Jima"『이오지마에서 온 편지』(2006)에 자주 등장하는 단어다.[32]

9월 18일 오전 9시, 적과의 교전이 시작된다. 적은 맹렬한 공격보다는 아군의 실탄 소모를 유도하는 장기전을 펼치는 듯했다. 당장 실탄이 떨어진 것은 아니지만 현 위치를 사수하다가는 꼼짝없이 죽음을 당할 수밖에 없다고 판단한 이명흠 대위는 결국 해변을 버리고 남하해 적의 후방을 공격하는 과감한 죽음을 택하기로 한다. 그리고 부상자를 문산호에 놔둔 채 남쪽으로의 행군을 시작한다.[33]

그렇게 행군을 시작할 무렵 유엔 정찰기가 나타나 이들을 발견하고 곧바로 헬기를 보내 이명흠 대위를 싣고 미 해군 순양함으로 날아

간다. 히긴스 소장은 장사리 해안에서의 활동 상황과 남쪽으로의 행군 이유를 듣고 곧 유격대원들의 구출작전을 명령한다. 9월 19일 오전 4시 30분에 LST 상륙함 한 척으로 이들을 귀환시킨다는 것이었는데, 구조 지점이 장사리 해변이었다. 명부대장이 전투식량을 싣고 돌아왔을 때 이들은 이미 장사리 남방 3㎞ 부근을 행군 중이었고 다시 장사리로 돌아가야 하는 처지에 놓인 것이다. 이미 해안 부근 고지를 점령한 북한군이 집중 사격할 게 뻔한 상황이었다.[34]

그러나 이번엔 상황이 달랐다. 명부대장이 떠나오기 전 히긴스 소장에게 함포사격 지점을 명시해 놓은 것. 9월 18일 오후 4시 명부대가 장사리에 도달하면서 교전이 시작된다. 동시에 순양함 헬레나(USS Helena) 등 8척의 유엔군 함정에서 함포사격이 시작됐다. 전투기 1개 편대가 날아와 폭격을 가하기도 했다. 북한군이 참호 속에서 고개를 들지 못하는 사이 명부대는 해안에 도달해 구조선을 기다리고 있었다. 조치원호가 도착한 것은 19일 새벽 5시. 상륙할 때와 마찬가지로 해안선에 연결된 밧줄로 배에 오를 수밖에 없었다. 높은 파도와 적의 사격 때문에 12시로 예정됐던 철수가 오후 세 시까지 진행됐고 적의 박격포탄이 갑판 위에 떨어지는 상황에서 30여 명의 대원들을 남겨둔 채 철수할 수밖에 없었다. 남겨진 이들은 포로가 돼 다음날부터 북으로 후퇴하는 북한군 중상자를 실어 나르게 된다. 워낙 행군대열이 길다 보니 자신들을 지켜야 할 감시병조차 사라져 탈출한 대원들도 있었다. 결국 139명이 전사하고 92명이 부상을 입은 채 9월 20일, 상륙함 LST조치원호는 부산에 입항한다.[35] 이들이 북한군의 이목을 끄는 동안 유엔군은 인천상륙작전을 성공시켜 6.25 전쟁의 전세가 역전되는 기틀을 마련한다.

매기의 실제 모델로 알려진 마거릿 히긴스(Marguerite Higgins) 종군기자 (1951년 10월 Carl Mydans 촬영, Wikipedia Public Domain) https://upload.wikimedia.org/wikipedia/commons/8/8d/Marguerite_Higgins_483.jpg

학도병들의 가슴 저린 이야기를 담은 영화라 그런지 유독 휴먼 스토리가 많이 배어있다. 군번도 없이 스러져간 잊힌 영웅들. 애들을 바다 한가운데 내려줄 수 없다며 해안가까지 배를 몰고 와서 밧줄을 연결하느라 목숨을 내놓은 문산호 선장. 7대 독자인 쌍둥이 오빠 대신 학도병으로 나온 문종녀(이호정 분), 그녀를 끝까지 지키려 애쓰는 국만득(장지건 분). 학교 임시 소집일에 북한군으로 끌려온 경기고 학생의 품 안에서 나온 어머니에게 보내는 편지. 고향에서 "금방 다시 보게 될 거야"라며 헤어진 뒤 북한군으로 만나 끝내 동료의 총에 숨을 거둔 사촌. 학도병들의 철수를 위해 장사리 해변에 끝까지 남은 말없는 영웅들. 이들의 죽음이 의미 없는 희생으로 기억 속에서 지워질 수는 없다. 노구가 돼 장사리 해변에 다시 서서 돌아오지 못한 이름들을 부르는 국만득의 마지막 장면은 진하디 진한 고마움과 미안함을 우리에게 안긴다.

"당신은 잊히지 않습니다(You Are Not Forgotten)"와 "그들이 조국에 돌아올 때까지(Until They Are Home)." 이 두 문장은 미국 국방부 유해발굴단의 구호로 유명한 문구다. 미군이 실종된 곳이라면, 전 세계 어느 곳이라도 달려가 반드시 찾아내 성조기를 덮어 조국의 품으로 데려오고야 말겠다는 의지가 담겨있다. 우리 유해 발굴 감식단도 2000년 발족한 이래 조국을 지키기 위해 산화한 영웅들을 국가의 품으로 모시는 노력을 지속하고 있다. 2007년에는 화개리 전투 당시 전사한 학도병의 유해가 처음으로 발굴됐고, 영덕군에서도 장사리의 영웅들을 찾기 위한 발굴이 계속되고 있다.

인천상륙을 위한 교란작전에 학도병들을 투입했다는 정치적 부담 때문에 이 전투가 있었다는 사실 자체를 인정하지 않으려는 스티븐 대령(조지 이즈 George Eads 분)과 이 모든 것을 보도하려는 여성 종군기자 매기(매건 폭스 Megan Fox 분)의 말다툼은 우리가 기억해야 할 중요한 '동맹'의 의미를 일깨워준다. 미국 젊은이들이 '미국

장사상륙작전 기념비 (대한민국 역사박물관 근현대사 디지털아카이브)

식 삶의 방식(American Way of Life)', 즉 '미국적 가치(American Value)'를 지키기 위해 한반도에서 목숨을 바쳐 싸우고 있다는 영화 속의 대사. 이는 두 나라의 젊은이들이 민주주의와 인권 등 자유민주주의를 지키기 위해 함께 흘린 숭고한 피가 바로 한미동맹에 고스란히 배어 있다는, 곧 우리의 '동맹'은 '혈맹'의 의미임을 다시 한번 확인시켜준다.

포항에서 영덕으로 가는 7번 국도를 달리다 보면 장사해수욕장을 만날 수 있다. 이곳에서 장사리 상륙 당시 좌초된 채로 방치됐던 문산호가 우리를 맞이한다. 문산호는 원래 미 해군 상륙함이었다. USS LST-120으로 1943년 9월 취역해 1944년 사이판 전투와 티니안 전투에 참가했다. 전쟁이 끝난 뒤 미국 본토로 돌아온 LST-120 상륙함은 1946년 태평양 함대에서 제외되어 극동해군 소속으로 옮겨졌다.

1947년 2월 대한민국이 사들여 전쟁 당시에는 교통부 대한해운공사 소속 선박이었다. 전쟁 발발 다음날인 1950년 6월 26일, 묵호 경비대원들을 포항으로 수송했고, 7월 27일에도 육군 병력과 장비를 여수에서 진해로 수송하는 임무를 맡았다고 한다.

상륙과정에서 사망한 11명의 선원들은 전사로 인정받아 화랑무공훈장이 서훈됐다. 영화 속에서 "아(이)들을 바다 한가운데 내려줄 수 없다"던 황재중 선장에게는 충무무공훈장이 서훈됐다.[36] 장사상륙작전 전적지에는 장사상륙작전 전몰용사 위령탑이 세워졌고, 그 뒤로 기념공원의 의의와 작전의 개요를 설명하는 구조물이 설치됐다. 사이로 난 문으로 들어가면 '청춘의 불꽃'으로 스러져간 학도병들의 이름이 새겨져 있다.

전세 역전의 불을 밝히다

D-day, 비밀의 상륙작전

인천상륙작전으로 6.25 전쟁의 판도가 바뀐다. 세계 전쟁사에서도 그 유례를 찾아보기 힘든 불가능에 가까운 모험이었다. 전쟁 초기부터 상륙작전에 대한 논란이 있었고, 이를 성공시키기 위해 치밀한 노력이 사전에 전개됐다. 우선 이 작전이 사전에 노출되지 않도록 다양한 방식의 기만작전이 진행되었다. 전혀 다른 지역 해안에 상륙을 시도하는 교란작전은 대표적인 기만작전 중 하나이다. 학도병들의 장사상륙도 교란작전의 일부였다. 상륙작전 개시 약 한 달 전인 8월 20일에는 캐나다 해군 구축함 아타바스칸(Athabaskan) 상륙대가 팔미도에서 내부 통신시설을 파괴했고, 인천상륙 이틀 전에는 삼척과 군산, 영덕군 장사리 지역과 북한의 함경남도 신포시 마량도 및 남포에 대규모 폭격이 이뤄졌다. 월미도를 비롯한 주변 지역에 대한 대대적 폭격도 진행됐는데, 상륙 지점이 인천이라는 것을 감추기 위해 인천에서 군산에 이르는 해안가에 광범위하게 폭격이 이뤄졌다. 평양의 관문인 남포에도 9월 4일부터 인천상륙작전 개시까지 열흘간 폭격이 이어졌고, 상륙 이틀 전인 9월 13일에는 삼척 앞바다에서 미주리 함이 함포 사격을 가하는 등 기만작전을 지속했다. 미8군 사령관 워커 중장도 기자회견을 통해 10월 중순 총반격이 개시될 것이라고 언급해 북한군 수뇌부가 후방 예비부대를 낙동강 전선에 투입하도록 유도했다. 상륙 사흘 전에는 미국과 영국의 혼성부대가 군산에 기습 상륙을 시도했으며, 하루 전에는 장사리에 학도병들이 상륙했다.[1]

작전명 "크로마이트(Chromite)". 성공 확률 5000분의 1. 인천 상륙을 지원하기 위한 또 다른 방법은 특공작전이었다. 이재한 감독의 영화 『인천상륙작전』(2016)은 바로 이 무모한 작전을 성공으로 이끌기 위해 물밑에서 활약한 특공대의 이야기를 그리고 있다. 인천상륙작전의 결행 여부를 두고 워싱턴과 평양에서 치열하게 돌아갔던 확률 계산에 대해선 많은 영화들이 다룬 바 있지만, 특공대의 활약상에 대해 다룬 영화는 많지 않다.

영화 『인천상륙작전』에서 주목하는 실제의 특공작전은 크게 두 가지로 나눠볼 수 있다. 하나는 인천 앞바다에 설치된 기뢰들의 위치를 파악하기 위해 기뢰 지도를 구하는 것이고, 또 하나는 유엔군 상륙에 맞춰 팔미도 등대를 밝히는 것이었다. 첫 번째 임무를 위해서 영화에서는 해군 첩보대 소속 장학수 대위(이정재 분)가 이끄는 특공대가 파견된다. 실제 해군정보국 창설 멤버인 임병래 중위가 이끄는 9명의 대원과 30여명의 의용대원은 상륙작전 이전에 영흥도에 잠입해 해안 포대의 위치와 병력배치 현황, 해안 방어태세 등을 파악해 보고하는 임무를 성공적으로 완수했다. 영화에서처럼 기뢰 지도를 구하는 것 역시 임무에 포함됐을 것이다. 임무를 훌륭히 완수한 임병래 중위와

맥킨리함 선상의 맥아더 원수 (Nutter 촬영, 1950년 9월 15일, National Archive #111-SC-348438)

대원들은 상륙작전 직전 철수 명령을 받지만, 북한군 대대병력의 기습을 받아 중과부적의 전투를 벌이게 된다. 결국 다른 대원들의 탈출을 돕기 위해 남은 임병래 중위와 홍시욱 하사는 포위되고 만다. 이들은 포로로 잡혀 인천상륙작전이 노출되지 않도록 장렬히 자결한다. 현재 대한민국 해군의 유도탄 고속함 10번함은 임병래함이고, 11번함은 홍시욱함으로 명명됐다.[2]

두 번째 작전은 팔미도 등대에 불을 켜는 것이었다. 영화에서 나오는 것처럼 켈로부대가 파견돼 이 임무를 맡았다. 인천상륙 당일 0시 05분, 북파공작부대인 켈로(KLO, Korea Liaison Office, 이하 KLO)부대와 한국과 미국의 육·해군 장교들로 구성된 특공대가 팔미도를 점령한다. 이들의 임무는 팔미도 등대를 수리하고 등대에 불을 밝혀 상륙정들이 성공적으로 해안에 상륙할 수 있도록 지원하는 것이다. 9월 11일부터 팔미도를 오가며 작전개시를 기다리던 최규봉 당시 KLO부대장(영화 속 서진철 부대장의 실제 인물, 정준호 분)은 14일 저녁 8시 무전을 받는다. "15일 0시 30분에 불을 지펴라." 팔미도 등대는 불을 켜면 디젤유가 올라와 회전을 하면서 작동하는 방식인데, 불을 켜느라고 애를 먹었다고 한다.[3]

미국 측 기록에 따르면 미 해군 유진 클라크(Eugene Clark)대위가 이 특공대를 지휘했다고 나온다. '트러디 잭슨'(Trudy Jackson)으로 명명된 이 작전의 주요 임무는 영흥도에 잠입해 지형지물과 조수, 해변 모래바닥의 강도, 모래언덕과 월미도 방어태세 등을 파악하는 것이었다. 육군 장교 한 명과 세 명의 병사, 한국군 통역관 두 명과 함께 파견된 클라크 대위는 섬 청년들로 하여금 의용대를 조직하게 해 영흥도 일대에서 정보를 수집해 보고했다. 9월 11일 밤에 팔미도 등대로 직접 가서 작동 가능상태로 수리해 놓은 다음 상륙작전 전날 다시 조용히 팔미도에 잠입했다고 한다. 클라크 대위도 포로로 잡힐 경우 작전이 탄로 날까 봐 항상 수류탄을 휴대하고 다녔다고 한다.[4]

팔미도 등대 탈환 및 점화 작전에 투입된 KLO부대는 미국 극동군사령부의 주한연락사무소(Korea Liaison Office)를 말한다. 북한에 대한 첩보활동을 목표로 설치된 기구로서 주로 북한 점령지역의 첩보를 수집하고, 적의 시설을 폭파하거나 통화 도청, 인질 구출 등의 공작 임무를 수행했다. 피난길에 징집되어 KLO부대원으로 수많은 작전을 수행했던 한 참전용사는 가장 기억에 남는 작전들로 북한군 비밀무기 창고 폭파사건, 실종 미군 조종사 구출작전, 그리고 실종된 미 8군 사령관 아들 수색작전 등을 들고 있다. 북한군 무기창고 폭파사건은 평안남도 안주의 수로터널에 북한군 비밀무기 창고가 있다는 첩보를 입수하고 부대원 7명이 일주일간 잠입해 폭격을 유도하다가 4명이 전사했던 작전이다. 또한 평안북도 선천 앞바다의 참채도라는 섬을 수색하다가 실종 미군 조종사를 구출했는데, 수염이 덥수룩하게 난 백인 조종사가 어디선가 구한 놋쇠 요강에 썩은 쌀로 밥을 해 먹으며 살고 있던 모습이 기억에 남는다고 했다. 1952년 4월에는 밴 플리트(James Van Fleet) 미 8군 사령관의 외아들 밴 플리트 2세가 B-26 폭격기 추락으로 실종되자 그를 찾으러 적지에 투입되기도 했는데, 결국 찾지 못했고 실종된 밴 플리트 대위는 2년 뒤에 전사 처리되었다고 한다.[5]

KLO부대는 대체로 미군 정보팀 5명과 한국 정보원 6명으로 편성되어 있었다. 이들 한국 정보요원 6명이 각각 30~40명의 정보공작원을 지휘하는 체계였다. 6.25 전쟁 초기에 많은 요원들이 파견되었고 또 많이 희생되었다.[6] 하지만 그 덕분에 인천상륙작전 당시 북한군의 사상자는 약 1,400여 명에 이르는 반면, 유엔군은 전사자 20명, 부상자 175명에 그칠 수 있었다. 영화 『인천상륙작전』에서는 바로 이 KLO부대의 활약이 그려진다.

　남한이 6월 25일 적을 맞아 싸울 준비가 되어 있지 않았던 것처럼 북한도 인천에 대규모 병력이 상륙할 것을 예상치 못했다. 영화에서는 북한군 장군 림계진(이범수 분)이 인천상륙이 임박했음을 평양에 거듭 경고했음에도 듣지 않는 장면이 나온다. 북한군 주둔 병력은 1,500명에서 2,000명에 달하는 수준이었고 해안가에는 기뢰도 설치되어 있지 않았다. 만일 기뢰가 설치되어 있었다면 피해가 컸을 것이고 상륙도 훨씬 지연되었을 것이다.[7]

　상륙작전의 첫 목표는 월미도였다. 적의 저항은 미미했다. 맥아더 장군은 기함인 마운트 맥킨리(USS Mount McKinley)함에서 자신의 마지막 군사작전을 지휘하고 있었다. 상륙 1파는 예정보다 1분 늦은 06시 31분에 월미도 그린비치에 상륙했다. 당시 미군은 1개 대대 병력에 탱크 두 대밖에 없었지만 북한군이 쉽게 포기하고 상륙 1시간 만에 항복해 왔다고 한다. 월미도와 인천을 잇는 제방 둑을 가로질러 퇴각하고 있던 북한군들은 대부분 사살되거나 포로가 됐다.[8] 아침 8시 월미도의 그린비치는 완전 점령된다. 1944년 노르망디 상륙작전 당시 연합군은 해안을 5개 구역으로 나눠 각각 유타, 오마하, 골드, 주노, 소드의 명칭을 부여했는데, 6년 뒤 인천상륙작전에서는 상륙 지점을 색깔로 구분했다. 월미도의 그린비치와 인천 북부의 레드비치, 그리고 남부의 블루비치 등으로 구분한 것이다.

노르망디 해안에 독일군이 설치한 해안수뢰가 인천해안에는 없었다. (National Archive #111-SC-190653)

　작전개시 24시간 만에 해안을 점령하고 내륙으로 진격할 준비를 마침으로써 상륙작전은 완전히 성공한다. 영화 『인천상륙작전』에서는 맥아더 장군이 월미도 해안에 올라와 장학수 대위의 주검을 안타깝고도 고맙게, 또 자랑스럽게 바라보며 거수경례하는 장면이 나온다. 인천상륙작전의 성공에 기여해 오늘의 우리를 있게 해준 모든 분들에 대한 우리들의 경례이기도 하다.

　영화 『인천상륙작전』에서 한 가지 더 언급할 것이 있다. 영화에 보면, 맥아더 원수가 전쟁 초 참호에서 싸우던 어린 병사와 얘기하며 감명 받는 장면이 나온다. 실제로 맥아더 원수는 6월 29일 전용기 편으로 도쿄에서 수원 비행장으로 날아와 한강 방어선을 시찰하고 있었는데, 이때 진지를 지키던 16살의 병사와 대화를 나눌 기회가 있었다. 언제까지 참호를 지키고 있을 것인가 하는 질문에 군인은 명령에 따를 뿐이라며, 상관의 철수명령이 있기 전에는 죽을 때까지 지킬 것이라고 병사는 답했다. 어린 병사의 답에 깊은 감명을 받은 맥아더 원수

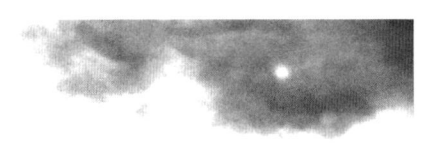

해안을 향해 달리는 상륙정에 탄 해병의 모습 (W.W. Frank 하사 촬영, 1950년 9월 15일, National Archive #127-N-A3189)

는 곧 지원 병력을 보내주겠노라 약속했다고 한다. 영화제작자 정태원 씨가 이만희 작가와 이재한 감독에게 이 병사의 이야기를 반영해 달라고 부탁했다고 전해진다.[9]

성공적인 인천상륙 이후 진격은 어떻게 전개되었을까. 인천상륙작전과 이어지는 서울 탈환에 참전했던 참전용사들에 따르면, 철저한 보안 속에 이루어진 상륙작전은 적의 시선을 다른 곳으로 돌릴 수 있

미 제5해병대 제1대대 A중대 3소대장 로페즈(Baldomero Lopez) 중위가 레드비치 장벽을 넘는 장면. 로페즈 중위는 곧이어 수류탄을 몸으로 막으며 전사한다. 그에겐 명예훈장이 수여됐다. (W.W. Frank 하사 촬영, 1950년 9월 15일, US National Archive #127-N-A3191)

월미도와 인천을 잇는 제방에 북한군 탱크의 반격에 대비해 바주카포 진지를 구축한 뒤 휴식을 취하는 미 해병
(1950년 9월 15일, National Archive #127-N-A2747)

어서 별다른 저항 없이 미션 수행이 가능했다. 그리고 그 여세를 몰아 서울 근처까지도 비교적 수월하게 전진할 수 있었다. 동아대 3학년 재학 중이던 참전용사 정한식은 8월 17일 해병대가 통영에 주둔하던 북한군을 공격할 당시 해병대에 현지 입대했다. 부산 동래여고 뒷산에서 M1 소총 사격 8발을 해 보고 9월 5일 미국 상륙함에 승선한다. 군 입대 당시 지급받았던 군복과 내복을 모두 벗고 미 해병대 군복으로 갈아입은 후, 35kg 완전 군장으로 상륙함에서 상륙주정으로 옮겨

상륙작전 성공 후 병력과 장비 하선으로 바쁜 인천 해안 (National Archive #080-G-420027)

타는 지옥 같은 훈련을 이틀 동안 받았다. 9월 12일 함 내 마이크에서 들려온 해병대 신현준 사령관의 육성을 통해 그때서야 인천으로 간다는 것을 알았다. 인천상륙작전은 죽느냐 사느냐의 일전이니 죽음을 초월해 승리의 기쁨을 조국에 안겨달라는 말씀이었다. 미 해병대가 먼저 상륙해서 그런지 별다른 저항 없이 인천 시내를 지나 서울로 진격했고, 행주산성을 지나 104고지를 공격할 때 돼서야 적의 기관총 사격을 집중적으로 받았다고 한다.[10]

입대한 지 13일째 되는 날 처음이자 마지막으로 다섯 발의 실탄 사격 훈련을 받고 급조된 해병으로 전장에 투입된 부창옥 해군 견습수병도 있다. 그는 9월 12일 오후 3시 부산항을 출발해 사흘 후인 14일

월미도에서 4명의 북한군을 생포하는 장면 (National Archive #111-SC-348472)

인천 앞바다에 도착한다. 나라의 운명을 바꾸는 D-day 9월 15일, 보슬비 내리는 해상에는 차량 및 인원 상륙용 주정과 상륙정 수백 척들이 인천 앞바다를 가득 매운 채 맴돌고 있었다. 입대 17일차 견습수병은 그런 장관을 구경할 수 있는 것도 군인의 특권이라는 기분이 들었다고 한다. 인천항 만조가 가까워진 18시, 수륙양용차 전단이 1파로 해안에 상륙했고, 2파에 이어 신참내기 견습수병도 3파로 상륙하여 해안 거점 확보에 성공한다. 높은 암벽을 사다리로 오르느라 시간이 많이 걸렸지만, 특공대원들의 활약으로 적의 격렬한 저항은 없었다.[11] 해안 교두보를 확보한 후에는 인천 시가지 작전이 전개되었다. 인천 시내는 온전한 건물을 찾아보기 힘들 정도로 파괴됐고 포탄 파

인천의 담배공장이 화염에 쌓인 가운데 미 해병 제1사단 병력의 이동준비 모습 (National Archive #111-SC-348595)

편에 뒤덮여 있었다. 국군 병사들이 시가지를 수색하고 방어진지를 구축하는 사이 D-day가 저물었다고 한다.

상륙정에 오르는 대한민국 해병 (National Archive #127-GR-28-163-A2911)

상륙정으로 해안에 접근하는 귀신 잡는 해병 (국가기록원 CET47877-53_PI201902466946)

점령된 시가지에 파괴된 채 방치된 적 대공포와 전차 (National Archive #127-GR-31-216a-A3804)

탱크 구경엔 우리도 빠질 수 없다… (National Archive #127-GR-31-216a-A5485)

제17연대 월미도 상륙 (2010 국방화보, 대한민국 국군)

　인천상륙작전에 참가한 육군도 있었으니 옹진반도에 주둔하다 철수해 낙동강 전선 화령장 전투에서 첫 승전보를 전해준 제17연대. 제17연대 주둔지였던 옹진반도는 6.25 전쟁 이전부터 북한의 도발이 빈번했다. 그래서 제 17연대는 북한과 교전이 잦았고 반공의식이 철저한 부대였다. "6월 23일부터 적이 움직이기 시작했다. 전쟁이 터지니 사수하느냐, 후퇴하느냐, 죽느냐 세 가지 선택밖에 없는 게 아니겠느냐."[12] 제17연대는 이때 눈물을 머금고 후퇴했지만, 후에 낙동강 전선과 인천상륙작전에서 맹활약한다. 제17연대 부대원으로 인천상륙작전에 참전했던 참전용사 유재철에 따르면, 해병대의 경우와 마찬가지로 부산에서 배로 출발한 후에야 비로소 백인엽 연대장이 인천으로 상륙한다고 알려줬다고 한다. 그만큼 인천상륙작전의 보안은 철저하게 유지되었다. 그물망을 타고 상륙하는 연습을 하며 며칠을 보내다가 작전일이 되어 실제로 고무보트를 타고 육지에 상륙해 서울로

인천상륙작전 직전 함상에서 작전지시를 내리는 백인엽 대령 (국가기록원 CET047917)

진격했는데, 적으로부터의 큰 저항은 없었다고 했다.[13]

다시 돌아온 서울

인천상륙작전이 성공하면서 영화 『태극기 휘날리며』의 주인공 진태와 진석의 부대도 서울로 향한다. 실제로 인천상륙작전이 성공했다는 소식과 함께 낙동강 전선의 국군은 총진격에 나섰다. 그러나 인천상륙작전 성공으로 북한군의 낙동강 전선이 즉시 와해된 건 아니었다. 여전히 국군과 유엔군은 고전을 면치 못하고 있었다. 포항전투에서는 남은 북한군 소수병력이 밤에만 아군 주변을 포위한 듯 교란사격을 해 진군을 지연시키는가 하면 형산강을 도하하려는 우리 병력을 향해 소련제 기관총으로 집중사격을 가하는 등 완강한 저항이 계속됐다.¹⁴ 인천상륙 사흘 뒤인 9월 18일, 김포공항이 아군의 수중으로 들어오면서 그날 오후부터 미군 비행기가 김포공항을 이용할 수 있었다. 북한군의 낙동강 전선은 그때부터 와해되기 시작한다. 북한군 제13사단 참모장 이학구 총좌가 투항한 것도 이 무렵이다.

　북한군 주력군은 철수하는 와중에도 일부를 남겨 '잔류접촉분견대'로 끝까지 저항하며 우리 군의 진격을 저지하려 애썼다. 육군 제8사단 제10연대가 팔공산을 지날 무렵, 집 지붕처럼 생긴 바위 속에서 기관총탄이 계속 날아와 피해가 컸는데 막상 점령하고 보니 양손을 기관총 손잡이에 철사 줄로 꽁꽁 묶인 북한군 병사 하나가 발견됐다. 쏘지 않으면 뒤에서 권총을 쏜다고 해서 어쩔 수 없이 쐈다며 살려달라고 애원하고 있었다. 북한군이 그에게 놔두고 간 건 바위 틈 속 주먹밥과 새우젓 뿐. 전우들이 죽어나간 병사들은 흥분했지만, 북한군의 비인간적인 잔인함을 널리 알리기 위해 후방의 미군에 인계했다고 한다.¹⁵

　손이나 발이 기관총에 묶인 채 발견된 북한군은 하나 둘이 아니었다. 중부전선 한탄강 일대에서도 북한군 주력의 후퇴를 엄호하기 위한 결사대는 대개 기관총과 직사포에 쇠사슬로 발이 묶인 채 발견됐다. 손들고 나오라고 해도 도무지 나올 수가 없었던 것이다.¹⁶ 수도사단 제10연대 제5중대 제1소대도 양손은 기관총에, 양발은 말뚝에 묶인 적병을 236고지에서 발견했다. 사격 이외에 다른 행동을 할 수 없었던 이 북한군 병사는 포로로 후송시켰다.¹⁷

　북한군들은 철수하는 와중에도 노략질을 멈추지 않았고, 민간인 학살 등의 비인간적인 행태를 서슴지 않았다. 안동 지역의 낙동강 유역에서는 적 탱크 한 대를 노획했는데, 탱크 안에는 고급 옷감과 미제 라디오 같은 전자제품이 가득 차 있었고, 한국 돈도 가마니에 가득 들어 있었다고 한다. 육군 제8사단이 후퇴할 때 밥을 얻어먹었던 안동 고운사의 스님들 몇 분은 국군에게 밥을 해줬다는 이유로 북한군에게 학살당한 채 계곡에 쌓여 있었다는 증언도 있다.[18]

왜관지역에서 패잔병 소탕 중인 미군 (1950년 9월 21일, National Archive #111-SC-349313, Signal Corps Photo #FEC-50-9336)

인천 해안 상륙과 교두보 확보 작전이 북한군의 큰 저항 없이 비교적 수월하게 이뤄진 반면, 서울 시내로의 진입은 북한군의 격렬한 저항에 부딪혔다. 9월 21일 한강을 건너 행주를 점령한 해병대는 수색을 거쳐 남가좌동으로 진격하라는 명령을 받는다. 서울의 서쪽 측면 연세대학교 방면으로 진군하여 북한군이 강력한 방어진지를 구축하고 있던 연희고지를 점령하는 임무였다. 해병 제1대대 제3중대 제2소대는 정찰 임무를 맡아 연희굴다리까지 침투해 적정을 살피고 있었다. 그때 어둠 속 바로 앞에서 삽질하는 소리가 들렸다. 분대장이 수하와 암구호를 물었고, 그날의 아군 암호인 '아브라함 링컨'이 아닌 '대동강 물결'이란 답이 오자 전원 사격을 개시한다. 적들은 어둠 속

인천상륙작전 이후 체포되는 북한군 포로들 (National Archive #127-GR-25-169-A2763)

으로 도주했지만, 다음날부터 연희고지 점령을 위해 철도를 따라 신촌역 쪽으로 전진하던 중 무수한 박격포탄 세례를 만나 고전했다.[19]

그 당시 신촌은 사방이 논과 밭인 개활지였다. 9월 23일 새벽, 돌격명령이 내리고 탁 트인 개활지를 전신을 드러내고 진격하니, 이 해병들을 적군의 박격포와 기관총이 가만 놔둘 리 없었다. 소대장과 선임하사가 박격포탄에 쓰러져 우물쭈물 주저하고 있을 때, 중대장이 내려와 돌격하란 불호령을 내린다. 다시 생명을 건 질주. 적 고지 바로 앞 논둑까지 진출했으나 완강한 저항에 부딪혀 더 나아갈 수가 없었다. 그러는 사이 후퇴명령이 내린다. 개활지를 후퇴하는 건 방향만 다를 뿐 위험하긴 마찬가지였고, 등을 보이며 뛰는 건 더 위험했다.

서울 수복 과정에서 생포된 북한군 포로들 (1950년 9월 26일, National Archive #127-N-A3810)

그래서 어두워질 때를 기다려 분대장의 지시에 따라 한 명씩 빠져나와 지금은 버스정류장 이름이 된 104고지까지 무사히 퇴각할 수 있었다고 한다.[20]

미 해병대와 한국 해병대로 구성된 상륙군이 서대문, 마포 일대에서 적의 저항과 반격에 막혀 격전을 치르고 있는 동안, 제17연대는 후방차단 임무를 신속, 과감하고 성공적으로 수행하여 적을 수월하게 격멸하고 서울 수복에 기여한다. 제17연대는 해병대의 진격 루트와는 달리 한남동에서 한강을 도하해 미아리고개에서 돈암동 쪽으로 진격했다. 북에서 내려오니 북한군 증원군이 온 줄 알고 현관에 붉은 기를 달고 환영을 하는 집도 있었다. 이때 북한군과 빨치산 보도연맹 가입자 등 200여 명을 붙잡았는데, 이들의 혐의는 군인과 경찰, 공무원 가족 학살이었다. 심지어 공산당에 대해 호전적인 제17연대 부대원들을 제대로 알아보지 못하고 오히려 환영한다며 인공기를 달아주다 현장에서 즉결처분되는 경우도 있었다고 한다.[21]

9월 26일 오후, 유엔군 총사령부에서는 서울을 탈환했다고 성명서를 발표했지만, 서울 시내에서는 여전히 바리케이드를 둘러싸고 공방전이 계속되고 있었다. 입대한 지 한 달도 채 안 된 부창옥 견습수병은 9월 26일에도 이화여대를 거쳐 북아현동에서 시가지 소탕전을 벌이고 있었다. 서울 시내에 남아 있던 북한군 패잔병들은 여전히 격렬하게 저항했고, 시가지 전투는 고층건물들 때문에 총탄이 날아오는 방향을 가늠하기 어려워 접근도 힘들고 대응하기도 쉽지 않았다. 숨어 있는 북한군을 수색하기 위해 들어간 초등학교 교실에는 김일성과 스탈린 초상화가 걸려 있었다. 알 수 없는 분노가 치밀었는데 같은

1950년 10월 18일 서울 (National Archive #111-SC-351356)

해병의 시가전 모습 (National Archive #127-GK-234A-A2876)

마음이었는지 함께 있던 동료가 사격으로 초상화를 부숴버렸다. 시가전 과정에서는 많은 전우들이 쓰러졌고, 하루에도 몇 번씩 삶과 죽음을 넘나드는 힘든 나날들이었다고 증언하고 있다.[22]

성공적인 인천상륙작전과 이어지는 서울 탈환 과정에서 벌어지는 처절한 시가전의 모습은 이만희 감독의 영화 『돌아오지 않는 해병』 (1963)에서 엿볼 수 있다. 이 영화는 전통의 팔각모, 귀신 잡는 우리 해병들을 그린 대표적인 6.25 전쟁 영화이다. 무려 60년 전에 만들어진 흑백영화인데도 여전히 심금을 울린다. 전투 장면만큼은 현실적으로 묘사하려 했지만 그래도 지금의 첨단 촬영기법과는 차이가 있고, 또 당시의 시대상을 반영하고 있어 사극에 가깝다는 생각이 들 수도 있다. 쓰러지는 북한군 병사들의 어색한 비명소리와 같이 효과 면에서도 요즘 영화와는 비교할 수 없다. 그러나 그 당시 만들어진 외국영화와 견주어 손색이 없을 정도의 대작이다. 지금은 호텔로 변해버린 을지로 국도극장에서 무려 42일간 개봉돼 22만 7천명의 관객을 동원했다. 요즘처럼 극장마다 상영관이 여럿 있지 않고 극장 전체에서 하나의 영화만 보여줄 때니 이 영화만 한 달하고도 열흘 동안 상영되었다는 것은 그만큼 대중의 인기를 끌었다는 말이다.

영화는 상륙작전 장면으로 시작된다. 상륙 장면 촬영 장소는 아무리 살펴봐도 해안가 같지는 않고 강변 같아서 인천상륙작전 이후 서울탈환을 위한 한강도하작전을 그린 것으로 봐야 할 것 같다. 어쨌든 상륙 장면 다음에는 시가전 모습이 이어진다. 시가전 과정에서 한 여인이 어린 딸을 데리고 뛰어나오다 적탄에 숨진다. 이를 아랑곳하지 않고 계속 총격을 가하는 적군 앞에서 구일병(이대엽 분)은 생명을 걸고 소녀 영희를 구한다. 알고 지내던 동네 꼬마였다. 뒤이어 남녀 할

학살된 채 발견된 양민들 (국가기록원 CET0048123)

서울 신당동에서 포로로 잡힌 북한군 어린 병사들 (1950년 9월 18일, National Archive #111-SC-348805)

것 없이 무참히 살해된 우리 시민들의 모습이 그려진다. 그 속에서 여동생의 주검을 발견한 구일병. 복수심에 불타 다 죽여 버린다며 뛰어나가던 구일병을 말리는 전우들. 실제로 북한군은 철수하기 전에 국군이나 경찰, 공무원 가족들을 모두 처형했다고 한다.

시가전에서 패하고 도주하는 북한군 패잔병들은 사살되기도 했지만, 국군과 유엔군이 점차 시내 중심부로 진격해 들어가자 더 이상의 저항을 포기하고 투항하기 시작했다. 그들 중 대부분이 16~17세의 소년병들이었다고 한다.[23] 한번은 북한군 포로를 약 30명 잡고 보니 모두 다 서울에서 모집한 의용군이었다는 증언도 있다. 물론 장교는 북한군이었지만 병사들은 모두 다 서울서 잡혀간 우리 청년들이었던 것이다.[24] 북한군 점령 치하에서 우리 젊은이들은 이처럼 의용군으로 끌려가거나 죽임을 당했다. 전쟁 당시 중학교 학생이었던 조덕제 참전 용사의 친척 형이 후자의 경우이다.

조덕제 학생도 북한군 점령 하의 서울을 피해 연천에 숨어 있다가 그곳에서 북한군에게 잡혀 처형당할 뻔했던 고비를 넘기고 서울로 돌아온 참이었다. 집에 돌아오니 서울대학교 공과대학에 다니던 친척 형이 당시 대학 내 학생 조직이었던 학도호국단 단원이라는 이유로 사지가 찢겨 죽었다고 했다. 형의 처참한 죽음에 화가 난 조덕제 학생은 학도병으로 가기로 결심하고 어머니께 인사드린 뒤 학도병 집결지인 청량리로 갔다. 청량리에서 의정부를 거쳐 이천까지 갔더니 M1 소총이 지급됐다. 사격은 못 해보고 실탄 장전하는 방법만 겨우 배웠는데, 아침밥을 먹으니 곧 통일이 된다는 소식이 들려왔다. 오후가 되니 소령 한 명이 평양이 점령됐다며 학생들은 그냥 집으로 돌아가라고 했다. 그러면서 청량리역까지 차를 태워줘 돈암동 집으로 돌아왔다는 것이다. 학도병으로 전장에 나갈 뻔했지만 그대로 전쟁이 끝나는 줄 알았다고 한다. 그는 중공군이 개입한 후인 12월에 정식 영장이 나와 군에 입대한다.[25]

9월 27일 새벽 6시 10분. 다시 돌아온 서울. 마침내 중앙청 건물 옥상에 태극기가 게양된다. 태극기 게양의 주인공들은 한국 해병 제2대대 제6중대 제1소대장 박정모 소위와 양병수 이등병조(하사), 최국방 수병과 정영검 수병이었다. 영화 『태극기 휘날리며』에서는 서울 수복 과정에서 중앙청 하늘에 인공기를 내리고 태극기를 게양하는 장면을 재현하려다 그만뒀다고 한다.[26] 서울이 완전히 탈환된 9월 28일 낮부

서울 수복 후 중앙청에 게양되는 태극기 (국가기록원 CET0048186)

터 서울시와 경찰은 시정을 재개하고 공공시설 복구를 시작했고, 9월 29일 12시에는 수도 서울 환도식을 거행한다.

인천상륙과 수도 서울 탈환의 성공은 6.25 전쟁 국면을 전격적으로 전환시켰다. 심리적인 면에서 국군의 사기는 크게 고양되었고, 반대로 북한군의 사기는 결정적으로 저하되었다. 군인들에게 서울 수복보다 더 기쁜 소식은 인천으로부터 원활한 보급이 개시됐다는 것이다. 반면에 인천상륙작전이 성공해 보급선이 막힌 북한군은 서둘러 북으로 퇴각한다. 드라마 『여명의 눈동자』(1991)에서는 낙동강 전선에서 북으로 미처 퇴각하지 못해 지리산에서 빨치산으로 활동하게 되는 주인공 최대치(최재성 분)의 모습이 그려진다. 태백산과 지리산에서 활동하던 빨치산들은 이때 퇴각하지 못해 깊은 산속으로 숨어든 북한군들로 구성됐다. 지리산뿐 아니라 산세가 험한 곳에는 채 후퇴하지 못한 북한군들이 남아 빨치산이 되었고, 이들을 섬멸하기 위한 국군의 작전이 계속됐다.

전장에서 굶주림에 허덕이던 영화 『태극기 휘날리며』의 주인공 진태는 어느새 언론의 스포트라이트를 받는 전쟁영웅이 되었고, 풍족한 음식과 술, 커다란 허쉬 초콜릿에 위문공연까지 즐기게 된다. 군에서 빼놓을 수 없는 즐거움 중 하나가 위문공연이다. 요즘엔 많이 달라졌지만, 과거에는 군이라는 곳이 남자들만 있고 성 감수성 개념도 없다 보니 영화 『고지전』(2011)의 신임 중대장 환영회식에서 보듯이 웃지 못할 해프닝도 많았다. 이준익 감독의 영화 『님은 먼 곳에』(2008)는 베트남 전쟁에서 벌이는 위문공연 전문 연예인단 이야기를 담고 있다. 비록 파병된 남편을 찾으러 온 것이지만 인기는 단연 여

홍천지구 위문공연 (1951년 6월 9일, National Archive #111-SC-369730)

이 책에서 등장인물 모두가 웃고 있는 몇 안 되는 사진 중 하나. 1960년대를 주름잡던 여배우 메릴린 먼로 (Marilyn Monroe)가 전쟁이 끝나고 한국에 주둔 중인 미 제3사단 위문공연에 나선 모습 (1954년 2월 17일, National Archive #111-SC-452342)

성 출연자에게 집중된다. 위문공연 섭외대상에서는 제 아무리 BTS라고 해도 걸그룹에게 밀리기 마련이다. 브레이브 걸스(사실 뜬 다음에 얘기지만 지금 생각해 보면 정말 '용감한 소녀들'임에 틀림없다)가 쓴 경이로운 역주행의 새 역사도 백령도 해병 위문공연 영상으로 시작된 게 아닌가. 군이 그러하듯 전쟁영화 촬영장에도 거의 남자 스태프들만 있다 보니 상황이 다른 것 같지는 않다. 『태극기 휘날리며』에서 위문공연 장면을 촬영할 때 비로소 여성 출연자들이 대거 등장해 영화 속 위문공연이 촬영 스태프를 위한 '진짜 위문공연'이 됐다는 후문이다.[27]

38선 돌파, 북으로 북으로

6.25 전쟁 발발부터 국군의 38선 돌파까지는 3개월하고 닷새가 걸렸다. 38선을 돌파해 북진을 계속할지의 여부는 미국으로선 고민에 고민을 거듭해야 할 사안이었다. 남한을 되찾아 전쟁의 명분은 만족시켰으니 이제는 중국과의 제3차 세계대전 발발 가능성도 염려해야 했다. 그러나 이승만 정부는 통일을 원했다.

군 장병들 사이에 널리 애창되는 진중가요 중 '전우야 잘 자라'(작사 유호, 작곡 박시춘)가 있다. 낙동강 전선에서 38선 돌파까지의 여정이 담긴 노래이다. 국방부가 지정한 군가는 아니지만, 6.25 전쟁을 대표하는 애창곡임에는 틀림없다. 낙동강 방어에 성공한 국군이 "전우의 시체를 넘고 넘어" 낙동강 전선을 떠나 북으로 전진하는 모습이 담긴 1절은 군에 갔다 온 사람이면 누구나 잠자리에서도 부를 대사가

우리 육군 제3사단이 38선 돌파를 축하하는 모습 (National Archive #111-SC-350355)

아니겠는가. 이어 추풍령에 이르러서 함께 싸우던 전우의 죽음을 뒤로 하며 서울 수복을 향해 나아가는 모습, 한강 노들강변이라는 상징적인 배경에서 잠들어간 전우를 부르는 노랫말에는 서울수복 작전에서 전사한 전우를 향한 애달픈 심정이 담겨있다. 이윽고 38선을 돌파하며 포탄 속에 스러져간 전우의 철모(전투모)를 어루만지는 모습에는 말할 수 없는 아련함이 고스란히 배어 있다. 어떻게 여기까지 왔는데, 예서 말 수는 없었다. "…터지는 포탄을 무릅쓰고 앞으로 앞으로/ 우리들이 가는 곳에 삼팔선이 무너진다…" [28]

38선을 처음 돌파한 부대는 국군 제3사단이다. 포항에서 학도병들의 희생으로 간신히 부대 전열을 유지한 채 후퇴할 수 있었던 제3사단 백골부대. 인천상륙작전 이후 제3사단이 제일 먼저 한 것은 뼈를 깎는 아픔으로 동생들의 피를 방패 삼아 후퇴했던 그 포항을 되찾는 일이었다. 그리고 포항을 점령한 지 11일 만인 9월 30일, 이종찬 장군이 이끌던 제3사단은 동생들의 희생을 헛되이 하지 않겠다는 각오로 무려 360km를 진군해 38선에 다다른다. 사단장 이종찬 대령은 진군 중이던 9월 20일, 준장으로 진급해 장군이 돼 있었다.

10월 1일 전선을 방문한 정일권 참모총장에게 이종찬 장군은 38선 돌파 명령을 내려달라고 요청한다. 당시 38선 너머 800m 지점인 기사문리(基士門里)라는 곳에 설치된 북한군 포대가 직사포를 쏴대는 바람에 아군 희생이 만만치 않았지만, 38선 이북이라 어쩔 수 없이 당하고만 있었다는 것이 이유였다. 그리하여 아군의 희생을 줄인다는 명분으로 38선을 넘어 포대를 파괴하는 작전을 수행하기 위해 1개 중대가 38선을 넘었다. 그 기회를 놓치지 않고 제3사단 제28연대 제3대대는 38선 너머 12km까지 진군해 버렸다. 유엔군 사령부의 38선

인천상륙작전으로 북한군이 장비도 챙기지 못한 채 황급히 후퇴해 적 전차가 실린 열차를 통째로 노획하는 경우도 있었다. (National Archive #127-GR-31-216a-A5152)

돌파 명령은 다음 날인 10월 2일 하달됐다. 38선 돌파가 기정사실로 되는 순간이었다. 오늘날 '국군의 날'은 38선을 돌파한 1950년 10월 1일을 기념하기 위한 것이라는 이야기도 있다.

사실 10월 초, 맥아더 장군은 북한에게 항복하라는 내용의 방송을 한다. 당시 상태에서 전쟁을 마무리하고 싶은 워싱턴의 지시에 마지 못해 따른 것이다. 10월 7일 김일성이 끝까지 싸우라는 명령을 내려 거부 의사를 확실히 밝히자 기다렸다는 듯이 달리기 경주가 시작된다. 딘 소장이 이끌던 미 제24사단이 북한에 포로로 억류 중인 사단장을 구출하기 위해 뛰기 시작했고, 3개월 전 북한군에게 당한 기습의 아픔이 아직 아물지 않은 백선엽 장군의 제1사단도 뒤질세라 미 제1기병사단과 치열한 경쟁을 벌인다. 영국 제27여단도 발걸음을 재촉했다. 결국 유엔군 주력 병력이 일제히 38선을 돌파한 것이다. 북한의 방어선은 닷새가량 버티다가 미 제1기병사단이 금촌을 점령하

자 급속하게 와해됐다.[29]

　38선 돌파 명령이 하달된 서부 전선. 선두에 선 건 국군 제1사단이었다. 당시 제1사단장 백선엽 장군은 직접 탱크에 오른 채 선봉에서 부대를 지휘했는데 북한군의 저항이 있으면, 응사하지 않고 탱크를 몰고 가 짓밟아 버렸다는 일화도 전해진다. 미처 피난하지 못한 그의 어린 아들이 북한군에 생포돼 아빠가 국방군 장교라는 이유로 산 채로 머리를 톱으로 잘려 살해된 것에 대한 보복이라는 설명도 있다.[30]

　드디어 평양이다. 드라마 『로드 넘버 원』에는 미군과 국군이 달리기 경주하듯이 평양을 향해 진군하는 모습이 나온다. 작전권을 가진 유엔군이 머뭇거리는 사이 송요찬 장군 휘하의 병력이 9월 30일 38선 말뚝을 뽑아버리고 북으로 도주한 북한군을 추적한다. 결국 우리 제1사단과 미군은 평양으로 달려가 시가전 끝에 평양을 점령한다. 이들은 하루 25km를 진군한 셈이었다.

　우리 제1사단과 미 제1기병사단, 제24사단이 북한군 패잔병들은 아랑곳하지 않고 평양을 향해서 경쟁적으로 달려가다 보니 뒤에 처진 북한군들은 발이 묶일 수밖에 없었다. 하루에 1,700명의 북한군을 포로로 잡는가 하면, 공군 조종사가 하늘에서 포로를 잡은 적도 있다. 군산 북동쪽을 비행하던 공군 조종사가 북한군 패잔병 200여 명을 발견하고 무기를 버리라는 전단을 던지자 이들이 따른 것이다. 포와 탱크, 탄약은 물론 열차 3량 분의 A급 보급품을 고스란히 포획하기도 했다.[31]

　육군 제1사단 제15연대 직할대대 척후조장이었던 김주찬의 증언을 통해 앞장서서 평양에 입성한 기쁨을 엿볼 수 있다. 38선을 돌파

평양에 입성하는 국군과 미 제1기병사단 (1950년 10월 19일, 2010 국방화보, 대한민국 국군)

한 지 18일째. 그동안 한 차례 기습 공격을 받았고 적을 격퇴하는 과정에서 포로 9명을 생포해 후송했다. 10월 18일 오후, 평양시 동구 선교리에 위치한 평양비행장을 선봉으로 점령한다. 그리고 약 40분 후에 미 제1기병사단이 비행장에 도착했다. 서로 악수하고 환호했지만, 어쨌든 평양비행장까지의 달리기 경주는 일단 우리 육군 제1사단의 승리로 끝났다.[32]

평양비행장이 있던 선교리와 황금동을 잇는 다리가 바로 대동강 철교다. 그러나 북한군이 철수하면서 대동강 교량을 모두 폭파했기 때문에 시내로 진입하려면 도강을 해야 했다. 평양 출신이라 시내 지리를 잘 알아 제15연대 직할대 척후조를 이끌게 된 김주찬 조장은 수색조를 이끌고 모란봉 북한군 총사령부 건물에 태극기를 게양한 후 그곳에 대기하라는 명령을 받고 출동한다. 강 하류를 정찰하던 중 쪽배를 발견해 강을 건너려는 찰나 대동문 쪽에서 사격을 가해와 총탄이 오른쪽 귀를 스쳐 지나갔다. 비행장 쪽 강둑까지 무사히 피할 수 있었지만, 고향을 코앞에 두고도 가보지 못한 채 세상을 떠날 뻔한 순간이었다. 다음날 일찍 도강에 성공해 시내에 들어가자 적들이 모두 퇴각한 듯 시민들이 태극기를 흔들며 환영해 준다. 대동문을 거쳐 상수리를 지나 모란봉에 도달했을 땐 이미 적 사령부 건물에 태극기가 휘날리고 있었다. 전날 밤 강 상류 능라도에서 석탄 운반선을 타고 도하한 제7사단 제8연대 선봉부대가 이미 점령한 것이다.[33] 적의 사령부가 있는 모란봉 중앙정부 건물을 점령하라는 명령은 사단마다 경쟁적으로 내렸던 것이 틀림없다. 그 정도는 충분히 이해할 수 있는 대목이다.

참전용사 이재용에 따르면, 비슷한 시각 같은 제15연대의 제12중대도 모란봉을 점령하라는 지시를 받고 대동강을 도강한다. 박격포탄과 기관총실탄 무게를 줄이기 위해 1인당 박격포탄 세 발, 기관총 실탄 두 통씩 배낭에 메고 강을 건넜다고 한다. 적의 사격에 대비해 엄호 사격조는 뒤에 남아 조준사격 자세를 취했지만 전위부대가 도강을 완료할 때까지 전혀 사격도 없었고 기척조차 없어서 함정에 빠진 것은 아닌지 의심이 들 정도였다고 한다. 모란봉 정상을 향해 조심스럽게 나아가는데 몇 발의 총탄이 날아왔지만, 응사하자 더 이상 반응이 없어 8부 능선까지 전진한 뒤 돌격해 정상을 점령했다. 적은 이미 다 도망간 뒤였다.[34]

정상 점령 후 수색 과정에서 다리에 총상을 입은 채 하수관에 숨어 있던 적 한 명을 생포했는데 심문 결과, 적들은 모두 호 속에 숨어 있다는 사실을 알게 됐다. 대동강 강변을 쭉 둘러 호가 꽤 많이 있었다. 손들고 나오라고 했지만 아무도 나오지 않아 일부러 들으라고 수류탄 까 넣으라고 외쳤다고 한다. 그러니 한두 명씩 투항해 나왔는데, 개인화기는 없고 수류탄만 몇 발씩 갖고 있던 포로만 20여 명. 예상보다 훨씬 빨리 모란봉을 점령한 데다 수색까지 마쳤고, 제11중대가 적 사령부가 있는 중앙정부를 점령했다는 소식이 들리니 평양이 완전 함락된 게 실감이 났다고 한다. 실컷 환호하다 보니 배가 고파져 불을 피워 취사하려 하는데 포탄이 날아왔다. 서둘러 불을 끄고 엎드렸더니 포격이 멈췄다. 국군의 진군 속도가 하도 빨라 미군이 적으로 오인해 포격을 가했다는 것이다. 교신이 빨리 이뤄졌기에 망정이지 큰 피해가 날 뻔한 순간이었다.[35]

38선을 넘어 평양 시가로 들어갈 즈음, 영화『태극기 휘날리며』의 주인공 진태와 진석의 사이는 점점 더 멀어지는 듯하다. 이제 전쟁 영웅이 된 진태는 비로소 자신의 존재 가치를 인정받은 듯 전쟁에 몰입되어 가고, 진석은 그런 진태와 거리감을 느끼며 38선을 돌파한다. 진태는 평양 시가전에서 북한군 대좌(최민식 분)를 생포하는데, 그럼에도 여전히 진태는 공을 세우려고 한다. 무공훈장을 타서 진석을 집으로 돌려보내고 싶어서 그러는 건지 아니면 전쟁에 빠져들어서인지 알 수가 없다. 평양을 지나 압록강으로 향하는 길목에서 진태의 몰입은 분노로 바뀌어 간다. 북상 도중 학살된 채 수북이 쌓인 양민들의 시체를 끌어내리는 순간 부비트랩이 폭파되자 소대원들도 이성을 잃는다. 진태는 후퇴하지 못한 북한군들을 무자비하게 소탕하지만, 진석은 살려달라고 애원하는 그들에게 차마 방아쇠를 당기지 못한다. 그 와중에 진태와 함께 구두를 닦으며 따랐던 용석(전재형 분)이 북한군 포로로 등장한다. 그 역시 북한군으로 끌려온 것이다. 진석은 용석을 끌어안으며 반가워하지만 진태는 동생 같던 용석을 빨갱이로만 취급할 뿐이다.

　실제 친형제가 국군과 북한군, 서로의 적으로 만난 경우도 있다. 제8사단 제10연대가 소백산 지역을 방어하고 있을 무렵 잠복조가 북한군이 온다는 보고를 해왔다. 황연화 선임하사가 서둘러 잠복 참호까지 가보니 북한군 한 명이 소총에 백기를 걸고 아군 쪽으로 걸어오고 있었다. 무장해제를 시키고 심문을 하다 보니 고향이 울진이고 17세에 의용군에 끌려갔으며 자기 형이 제8사단 제10연대에 있다고 했다. 자세히 물어보니 옆 제3소대 박격포 반장의 이름을 대는 것이 아닌가. 급히 연락해 만나게 해 줬더니 서로 멍하게 바라보다 껴안고 울기만 했다. 그 즉시 북한군 군복을 벗겨버리고 아군 군복을 입혀주었다. 형제는 함께 이동하다 북진하게 되면서 동생을 고향으로 내려 보

냈다고 한다.[36]

　그러나 남과 북으로 갈린 만남이 이처럼 항상 해피엔딩으로 끝난 것은 아니다. 영화『장사리- 잊혀진 영웅들』에서 사촌을 만나는 설정을 기억할 것이다.『태극기 휘날리며』에서도 남과 북으로 갈린 만남은 비극으로 끝난다. 중공군이 밀려오는 혼돈 속에서 용석은 결국 진태가 쏜 총에 목숨을 잃는다. 참고 참았던 진석의 분노는 형제간에 깊은 골을 만들고 만다. 후퇴 길에 진태는 그토록 갈망하던 태극무공훈장을 받게 된다. 소대원 모두가 박수로 축하하지만 정작 진석의 반응은 냉담하다. 중공군이 밀려오는 가운데 영화도 본격적으로 절정으로 치닫게 된다.

밀려오는 중공군[1]

두 번째 후퇴

중공군이 개입하기 직전만 해도 북한군들은 패색이 짙은 채 후퇴를 거듭했다. 국군의 자동차 소리만 들어도 지리멸렬해져서 도망갈 정도였다고 한다. 이중석 참전용사의 증언에 따르면, 평안북도 희천(지금은 자강도)을 지날 때 소련제 지프차를 추격하고 있었는데, 비포장도로에서 날린 먼지가 기관포에 많이 끼여 발사가 되지 않는 통에 추격하던 차를 잡지 못했다. 그런데 그 부근에 북한군 1개 중대 병력이 숨어 있었고 아군 차량엔 불과 3명이 타고 있었을 뿐인데 반격은커녕 모두 도망갔다고 한다. 계속 추적하려니 적의 진지가 나와서 돌아왔는데, 그날 밤 나팔 소리, 피리 소리가 나며 중국군이 후방을 차단해버려 완전 포위됐다. 옆의 제7연대와 합류하기 위해 이동하다 실탄과 휘발유가 떨어져서 오도 가도 못하고 120여 대의 차량이 길가에 늘어선 채 밤을 지새웠다.

다음날 정찰기가 와서 빙 돌더니 한 시간 후 수송기가 날아와 휘발

보급품 공중 투하 (National Archive #127-GR-32-218-A4841)

유와 탄약, 쌀 등 보급품을 실은 낙하산 4개를 떨어뜨려 줬다고 한다. 덕분에 연료를 가득 채우고 후퇴를 계속할 수 있었다. 하지만 낮에는 공중지원을 받아 후퇴 길이 뻥 뚫렸어도 밤이 되니 적이 습격을 해 와서 할 수 없이 차량을 모두 버리고 후퇴하게 되었다고 한다. 며칠을 먹지도 못하고 밤낮없이 걸어 묘향산을 넘다보니 모두 뿔뿔이 흩어지게 됐다. 민가에서 옥수수를 얻어먹다 북한군 탈영병인 그 집 아들 도움을 받아 천신만고 끝에 평남 덕천에 와서 부대와 합류할 수 있었다. 16일 만이었는데, 이미 전사자 명단에 이름이 올라 있었다고 한다.[2]

수송기가 떨어뜨려 주는 보급품을 받은 사람 안 받은 사람 가릴 것 없이 퇴각하는 와중에 중공군의 공격을 받았다는 김진원 참전용사의 증언도 있다. 아군은 야간전투에 취약한 데다 적들은 나팔 소리, 북소리, 피리 소리로 아군 부대를 분산시키고, 미리 길가에 호를 파놓고 매복하고 있던 터라 적을 뚫지 못했다고 한다. 육박전을 벌이다 허벅지에 파편을 맞은 채 쓰러져 북한군에 포로로 인계되었다. 평안북도 벽동까지 끌려갔는데, 치료도 제대로 받지 못했지만 다행히 상처는 저절로 아물었다고 한다.[3]

미 트루먼 행정부가 한반도의 역사적 배경을 조금만 더 면밀히 검토했더라면, 그래서 중공군의 참전을 기정사실로 했더라면, 6.25 전쟁이 3년이나 끌지도 않았을 것이고 아까운 목숨들이 스러지지도 않았을 것이다. 또 어쩌면 지금쯤 통일이 되어 있을 수도 있다. 맥아더 장군은 중공군이 참전한 직후부터 만주를 포함한 중공군 주둔지역에 원자폭탄 투하를 요청하며 구체적인 좌표까지 설정했다고 한다. 원자폭탄 사용에 대한 논의는 휴전 직전까지 계속됐지만 미국 정부는 소련의 개입 가능성, 중국에서 공산당과 국민당의 내전 재발, 국제 여론 등을 고려해 사용하지 않았다고 전해진다.[4]

김일성의 남침은 중국에게 달갑지만은 않은 사건이었다. 한반도보다는 대만을 점령하고 장개석의 국민당 정부를 붕괴시켜 중국 대륙을 완전 공산화하는 것에 최우선 순위를 두고 있었기 때문이다. 이런 중국 정부의 의도를 간파하고 있던 미국은 6.25 전쟁이 발발하자마자 가장 먼저 제7함대를 대만해협에 급파하는 조치를 취한다. 미국 역시 한반도와 대만의 동시 공산화라는 최악의 사태를 염두에 두고 있었던 것이다.

1950년 봄에서 초여름 사이 린뱌오(林彪)가 지휘하는 중국의 최정예 제4야전군이 대만을 마주보는 남부 중국으로부터 만주 지방으로 이동 배치된 것으로 보인다.[5] 하지만 이 최정예 야전군은 김일성의 남침에 대한 지원보다는 만일의 사태에 대비해 만주를 방어하기 위한 것이었다. 북한군이 낙동강 전선에서 국군 및 유엔군과 팽팽한 접전을 벌이고 있을 때나 심지어 인천상륙작전 후 북한이 후퇴하는 과정에서도 이들은 투입되지 않았다. 중국은 성명이나 언론매체 기사 및 논설 등을 이용해 미국에 경고를 보내는 우회적 방법으로 군사개입 가능성을 언급하긴 했지만, 구체적인 개입의 시기나 규모는 언급하지 않았다.

미국도 물론 중국의 개입을 염두에 두고 있었다. 인천상륙작전 직후인 9월 16일, 라스키 국무부 차관보는 "미국은 한국 내에 군사기지를 둘 의사가 없으며, 인접국은 위협을 느낄 필요가 없다"고 중국의 개입을 염두에 둔 언급을 했다.[6] 국무성과 미 중앙정보국(CIA, Central Intelligence Agency)이 38도선 이북에서의 군사행동에 우려를 표명하고 신중을 기하도록 권고한 때문이다. 낙동강 방어선을 구축할 무렵인 7월 25일 작성된 국무부의 비망록은 38도선 이북에서의 군사작전이 소련 또는 중국과의 분쟁을 야기할 수 있다고 경고하고 있다. 또한 중국이 한반도에 개입할 경우 중국 내의 목표물을 공격할 적법한 근거를 확보할 수 있다는 내용을 포함하고 있는 미 국가안보회의의 문서도 있다. 그러나 미국은 정부 수립 일 년도 채 안 된 중국이 대만도 아닌 한반도에서 군사작전을 전개할 가능성은 낮다고 분석하고, 오히려 소련의 개입 가능성을 더 높게 평가하고 있었다.[7] 반면 6.25 전쟁 발발 이후 중국의 의약품 수입량이 급증하고 북한과 중국의 국경지역 중공군 병력이 증가하는 정황들을 묶어 중국이 한반도에 개입할 것이란 경고성 내용을 담은 CIA 보고서도 찾아볼 수 있다.[8]

여하튼 국군과 미군은 10월 19일 평양을 점령했고, 같은 날 중공군 제13병단 26만 병력이 펑더화이(彭德怀)의 지휘 아래 압록강 3개 지점을 건너 한반도에 개입한다. 그후 이들은 10월 25일을 전후해 국군과 첫 교전을 갖는다. 유엔군이 대동강을 넘어 평양으로 진군한 건 1950년 10월 14일이고, 중국 인민의용군 제1진이 비밀리에 압록강을 도하한 건 이틀 뒤인 10월 16일이라는 설도 있다.[9]

중국은 1950년 11월 5일 발표된 「항미원조, 조국방위 (抗美援朝, 祖國防衛)에 대한 중국 각민주당파 (中國 各民主黨派)의 연합선언 (聯合宣言)」에서 6.25 전쟁에 대한 개입이 '조국방위'에 있음을 밝히고 있다.

"역사는 조선의 존망이 중국의 안보와 직결되어 있다는 것을 예로부터 우리들에게 이르고 있다. 입술이 상하면 치아에 이상이 온다. (중략) 조선인민의 항미전쟁을 지원하는 것은 도의적인 책임에서뿐만 아니라 중국 인민의 이해와 밀접한 관계에 있어 자위의 필요에 의해 실행되는 것이다. 이웃을 구제하는 것은 즉 자신을 구제하는 것이므로 중국을 수호하기 위해서는 조선인민을 구원하지 않을 수 없다."[10]

그 유명한 '입술과 치아'(脣齒)의 관계라는 용어가 사용되기 시작한 것은 바로 이 선언에서 기인한다. 그런데 중국과 북한의 관계를 순치의 관계라고 부르는 것은 춘추좌전(春秋左傳) 희공(僖公)편에 나오는 순망치한(脣亡齒寒)이라는 성어에서 비롯된다. 입술이 다치면 이가 시리게 된다는 뜻으로 지리적으로 인접한 지역 간에 형성되는 지정학적 상호의존 관계를 의미한다. 얘기인즉 춘추시대 말기였던 기원전 655년으로 거슬러 올라간다. 진(晉)나라의 헌공(獻公)이 괵(虢)나라를 공격할 때 괵나라의 이웃국가인 우(虞)나라에게 괵나라로 가는 길을 내어주면 많은 보상을 하겠노라는 제안을 한다. 우나라 우공(虞公)이 이 제안을 받아들이려 하자 중신 궁지기(宮之奇)가 반대한다. 바퀴덮개와 바퀴가 서로 의지하고(輔車相依), 입술이 없어지면 이가 시리는 것(脣亡齒寒)[11] 처럼 괵나라가 망하면 우나라도 망할 것이라고 만류한 것이다. 그러나 우공은 듣지 않았다. 진나라와 우나라가 모두 주(周)왕조에서 갈라져 나온 나라들인데 서로 해를 끼칠 리 없다는 것이었다. 궁지기는 진나라가 공격하려는 괵나라 역시 주(周)왕조에 뿌리를 둔 나라이며 진나라가 이미 공격한 제(齊)나라와 초(楚)나라 역시 주나라에서 갈라져 나온 나라임을 알려주었지만, 끝내 우공은 길을 내어주고 많은 보상금을 받았다. 괵나라를 멸망시키고 돌아가던 진나라 군사들은 우나라도 공격했고 우공은 포로로 끌려가는 신세가 되었다. 이미 궁지기가 일가친척들을 모두 데리고 우나라를 떠난 뒤의 일이다.[12]

이런 지정학적인 이유로 6.25 전쟁에서는 중공군과의 혈전이 벌어지게 된다. 10월 25일 국군 제6사단 제7연대는 초산을 거쳐 압록강에 도달해 감격의 압록강 물을 마신다. 미 제24사단의 스미스대대와 영 제27여단도 잇따라 신의주에 근접해 있었다. 스미스대대는 4개월 전 오산전투에서의 패배를 설욕해 가며 압록강을 29㎞ 남겨둔 지점까지 진군한다. 6.25 전쟁에서 미군이 싸운 최북단 지점이었다. 그러나 곧 중공군과 조우하게 된 우리 제6사단과 제1사단은 큰 피해

압록강물로 수통을 채우는 대한민국 제6사단 제7연대 병사 (국가기록원 CET0048169)

중공군을 향해 다연장로켓을 발사하는 미 해병 (National Archive #127-N-A156882)

미 해군 항모 레이트(USS Leyte, CV-32)함에서 이륙한 폭격기에 의해 파괴된 압록강 철교와 폭격을 피한 철도교. 사진 위쪽은 중국 단둥시, 폭격을 당한 아래쪽은 신의주시 (1950년 11월 14일, National Archive#80-G-422115)

미 해군 더글러스 A-1 Sky Raider편대의 공격모습 (1950년10월24일, National Archive #080-G-422387)

를 입는다. 중공군의 규모는커녕 개입 자체도 제대로 파악하지 못했던 국군과 유엔군은 중공군의 인해전술에 밀려 1만 명에 달하는 병력이 궤멸되는 큰 피해를 입는다. 국군 제2군단 전선이 붕괴되며 미 제1군단의 우측면이 열리게 되자 미 제1군단은 북진을 중단하고 청천강 유역에 방어선을 구축했고, 미 제1기병사단과 국군 제1사단은 청천강 남쪽에, 미 제24사단과 영국 제27여단은 청천강 북쪽 방어선에 합류했다.[13]

청천강 전투는 이렇게 시작됐다. 중공군 제38군은 11월 3일, 우리 제7사단이 방어선을 구축하고 있던 평안남도 개천군의 비호산 일대를 공격해 왔다. 이틀 뒤 비호산이 함락되지만, 제7사단은 바로 다음 날 미 제24사단 제5연대와 함께 비호산을 되찾는 등 접전이 이어졌다. 같은 시각 청천강 북쪽에서도 중국과 미국, 영국이 얽혀 치열한 전투가 진행되고 있었다. 11월 5일 이틀에 걸친 중공군 제40군의 공세에 밀려 청천강 북측 방어 진지를 포기하고 후퇴했던 미 제24사단 제19연대와 영 제27여단은 미 제24사단 제21연대 병력이 합류하면서 다시 방어 진지를 되찾는다. 두 차례에 걸친 비호산 공방전에서 실패한 중공군은 11월 6일 공격을 중단하고 산악지역으로 후퇴해 자취를 감춘다. 결국 제7사단의 분전으로 청천강 방어선의 측면을 타고 공격하려던 중공군의 작전은 무산됐고, 청천강 북쪽 방어 진지를 지킬 수 있었다.[14]

11월 6일, 맥아더 장군은 "부대의 안전을 위하여 필요하다면 압록강 교량을 폭파해도 좋다"고 승인해 11월 8일, 79대의 B-29폭격기

공습과 포격지원을 받으며 철수하는 아군 (1950년 12월 26일, National Archive #127-N-A5439)

중공군의 개입으로 철수하기 직전 휴식을 취하는 아군 병력 (National Archive #127-N-A4852)

가 교량폭파작전을 전개한다.[15] 그렇지만 중국 영공을 비행할 수는 없었다. 보통 폭격기는 목표지점을 향해 날아가다 폭탄을 투하하고 난 뒤 유턴을 해서 돌아오는 형태의 비행을 한다. 압록강 철교를 폭격하려면 남쪽에서 북쪽으로 다리와 나란히 비행해야 한다. 그런데 압록강 철교를 폭격하면서 중국 영공을 들어가지 않으려면 아주 희한하게 생긴 개다리(dog leg)처럼 휜 형태의 굴곡비행을 하지 않을 수 없었다. 비행 자체가 어려울 뿐 아니라 압록강 북단에 배치된 중국군 대공포와 미그전투기의 공격에 쉽게 노출될 수밖에 없다는 것이었다. 그래서 대부분의 비행사들이 중국 영공비행금지 규정을 무시하고 북한 지역에서 폭탄을 투하한 뒤 몇 마일 정도 중국 영공으로 들어갔다 급회전해서 나오는 방식을 택했다고 한다. 조종사들 사이에서는 공공연한 비밀이었다.[16]

한편 미 제8군은 사라진 중공군들을 공중정찰로 수색하며 미 제24

대동강을 건너 후퇴하는 국군 제1사단 병력들 (국가기록원 CET0047911)

사단으로 하여금 박천을 탈환토록 하는 등 교두보를 확보하였고, 동·서부 전선에 각각 1개 군단을 추가 배치하는 등 전열을 강화했다. 맥아더 사령관도 중공군의 개입을 인정하며 이들의 전열이 완성되기 전에 총공세로 열흘 이내 전쟁을 끝내고 크리스마스까지는 집으로 돌아가겠다는 '크리스마스 공세 (Home by Christmas Campaign)'를 시작한다. 유엔군 사령부는 중공군의 규모가 총 76,800명 수준이라고 미 제8군 사령부에 통보해 줬고, 미 제8군도 약 6만 명 수준으로 자체판단하고 있었기에 유엔군 사령부의 통보 내용을 기초로 크리스마스 공세를 계획했던 것이다. 그러나 이때 중공군의 규모는 30만을 훨씬 넘는 대병력이었다.[17]

    산악지역으로 자취를 감춘 중공군이 후퇴를 한 게 아니라 유엔군 병력을 유인하려는 계책이었다는 설과 한반도 북부 지역으로 진군할 경우 개입하겠다는 경고를 실천에 옮겨서 확인시킨 뒤 휴전을 염두에

둔 행보였다는 설이 제기된다. 둘 다 말이 된다. 11월 24일 국군과 유엔군이 청천강을 건너 북진을 시작했고 25일 중공군의 반격이 시작됐기 때문이다. 평안남도 덕천시 인근에 주둔하고 있던 제7사단은 치명적인 피해를 입게 되고, 중공군은 우리 제2군단 지역을 관통해 북진하던 유엔군에 결정타를 날렸다. 상황이 급박하게 돌아가자 11월 20일 터키군이 투입됐다. 이들은 나흘간이나 중공군의 공세를 막아내 국군과 유엔군이 다시 청천강 이남 지역으로 후퇴해 방어선을 구축할 수 있는 시간을 벌어줬다.[18]

그러나 중공군의 공세는 계속됐고, 미 제8군 사령관 워커 중장은 평양을 고집하다 주력군이 궤멸될 가능성이 있다고 판단, 평양 포기와 철수를 결정한다. 이때가 12월 3일이었다. 평양을 포기한 국군과 유엔군은 38선 이남지역으로 모두 철수하게 된다. 많은 피난민들이 이들과 함께 남으로 내려와 정착하였다.

2021년 5월 22일, 문재인 대통령과 조 바이든 미국 대통령이 백악관 이스트룸에서 열린 한 행사에 나란히 참가한다. 미국에서 개인에게 주는 최고의 영예인 명예훈장 수여식이다. 랄프 퍼켓(Ralph Puckett) 예비역 대령에게 최고의 영예인 명예훈장이 수여되는 순간이었다. 퍼켓 대령은 6.25 전쟁 당시 육군 중위로 청천강 전투에 참전했던 전쟁 영웅이다. 미국과 중국의 대결이 심화되는 민감한 시기에 6.25 전쟁에서 중국과 맞서 싸운 퇴역군인에게 명예훈장을 수여하는 행사에 한국 대통령이 초대된 것이다. 이는 한국의 좌표를 중국에 각인시키려는 미국의 요청이었던 것으로 풀이된다. 이 행사에서 문재인 대통령은 "한국의 평화와 자유를 함께 지켜준 미국 참전용사들의 그 힘으로 한국은 폐허에서 다시 일어나 오늘의 번영을 이룰 수 있었

다"며 "영웅들의 피로 맺어진 한미동맹은 한반도를 넘어 평화와 번영의 핵심축이 되었다"고 발언했다.[19]

싸우는 젊은이들

동부전선을 담당했던 미 제10군단은 흥남에서 12월 15일부터 해로로 후퇴하는 작전을 수행한다. 제10군단 예하에는 해병 제1사단이 있었다. 해병 제1사단은 제10군단의 좌측면을 맡아 서부전선에서 북진하던 유엔군과 나란히 진군하다 장진호 북측 개마고원 지역 유담리에 이르러 중공군 제9병단 예하 7개 사단의 포위 공격을 받게 된다. 11월 27일. 이 포위망에서 벗어나려고 2주간 벌인 사투가 그 유명한 '장진호 전투'다. 미 해병 제1사단이 중국 제9병단을 잡고 늘어져 이

미 제2사단 Major Cleveland 중사가 청천강 방어선에서 기관총 사수에게 사격방향을 지시하는 장면 (1950년 11월 20일, National Archive #111-SC-353469)

민가에서 작전 중인 미 해병 (National Archive #127-GR-25-169-A156979)

민가를 수색 중인 미 해병 (National Archive #127-GR-25-169-A6629)

들이 서부전선을 지원할 수 없게 만든 덕분에 서부전선의 미 제8군 예하 병력이 무사히 38선 이남으로 철수할 수 있었다. 또한 중공군 제9병단도 상당한 타격을 입게 되어 부대를 재정비하기까지 무려 4개월이나 소요됐다고 한다.[20]

홀 바틀레트(Hall Bartlett) 감독의 영화 "All the Young Men"(1960)은 장진호 전투에서 벌어진 해병대원들의 이야기를 담고 있다. 우리에게 『언제나 마음은 태양』(1967)으로 알려진 영화, "To Sir, With Love"에 선생님 역으로 출연한 시드니 포이티어(Sidney Poitier)가 주연을 맡은 영화다. 시드니 포이티어가 흑인인 데다 차별이 존재하던 1960년대 활약하다 보니 그가 주연한 영화 대부분이 사회적 차별 문제를 다루고 있다. 또한, 서부영화 『셰인』의 주연 알란 래드(Alan Ladd)가 공동 주연을 맡아 포이티어와 갈등을 이루는 구성으로 되어 있다. 한국에서는 『싸우는 젊은이들』이란 제목으로 1961년 개봉됐는데, 16일간 상영되어 8만 명이라는 많은 관중을 모았다고 한다.

이 영화는 미 해병 제1사단 B중대 2소대의 이야기를 담고 있다. 이들은 방어에 유리한 지점을 확보해 대대병력이 무사히 철수할 때까지 시간을 버는 임무를 맡는다. 그러나 소대장이 전사하면서 모든 것이 틀어지게 된다는 설정이다. 소대장은 숨이 끊어지기 직전, 지휘권을 흑인 상사 토울러에게 맡긴다. 대원들이 따르는 선임 킨케이드 상사(알란 래드 분)를 건너뛴 마지막 명령이었다. 백인으로 구성된 소대에서 유일한 흑인이 지휘를 맡게 된 것이다. 또 다른 소수계인 나바호족 출신 병사만이 토울러를 따르는 상황에서 갈등과 반목, 텃세와

냉대가 만연했지만 공동의 적 중공군을 맞아 싸워야 하는 상황이다.

통상 적의 공세를 막기에 유리한 지점은 적의 움직임을 훤히 관측할 수 있는 고지 같은 곳이어야 하는데, 영화에서는 법당 같은 가옥을 요새로 활용한다. 그 집이 적의 진입이 가능한 외길을 바라보고 있다는 이유에서이다. 하여간 실탄과 탄약이 부족한 상황 속에서도 그곳에서 중공군을 맞아 잘 싸우던 이들 앞에 중공군 탱크가 나타나고 킨케이드가 중상을 입게 된다. 수혈이 필요할 정도의 중상인데, 킨케이드와 같은 O형 혈액을 가진 유일한 사람이 바로 토울러였고 그렇게 흑과 백이 피를 나눈 형제가 된다는 줄거리다.

이 영화는 평생 들어보지도 못했고 또 생전 처음 와보는 곳에서 치러야만 하는 미군들의 희생을 그리고 있다. 6.25 전쟁보다는 흑백갈등을 주제로 한 사회적 차별을 다루고 있는 영화라고 하겠지만, 우리에게는 다른 관점에서 중요한 의미를 던져준다. 한국에서 일어난 전쟁을 배경으로 하지만 국군은 한 명도 나오지 않으며, 방어기지가 된 집에 살고 있던 한국 사람이 한 명 나올 뿐이다. 그나마 이름도 다분히 남미스러운 마야인데, 실제 아르헨티나 출신 배우 아나 클레어(Ana Clair)가 맡고 있다. 마야에게 자신들의 입장을 설명하는 토울러의 대사 중에 "우리가 발음하기도 힘든 그런 장소에 우리 전우들의 시신을 묻고 있다(…we have had to bury our friends in places we can't even pronounce.)"라는 말이 포함되어 있다.[21]

이들이 알지도 못하는 곳에서 이유도 모른 채 중공군을 맞아 싸우는 동안 중공군의 규모를 어느 정도 파악한 미 제10군단 군단장 알몬드(Edward M. Almond) 소장은 북진을 전면 취소하고, 모든 병력을 함흥과 흥남지역으로 이동하라는 명령을 내린다. 그러나 후퇴가 여

장진호 전투 희생자를 함흥 인근 사단 묘지에 가매장한 미 해병 제1사단 병력이 애도 나팔 속에 경례하는 모습
(1950년 12월 13일, National Archive #127-N-A5426)

의치 않았다. 중공군 제60사단이 보급로를 차단해 고립된 데다 제58사단의 공세가 워낙 거셌기 때문이다. 그러나 미 제10군단 예하 제5연대와 제7연대의 선전으로 포위망을 연이어 돌파하면서 12월 11일 함흥 지역으로 철수를 완료한다. 포위망을 뚫고 나온 사투 끝에 병력을 남쪽으로 이동시킬 수 있었던 것이다.

과연 그들은 알지도 못하는 곳에서 만난 적도 없는 사람들을 위해 그저 죽어간 것일까. 그들의 희생은 의미없는 것이었을까. 2017년 6월 28일. 세계 10위 경제력을 가진 나라의 대통령이 미국의 수도 워싱턴 D.C.의 장진호 전투 기념비 앞에 서 있다.

"제 어머니의 말씀에 의하면, 항해 도중 12월 24일, 미군들이 피난민들에게 크리스마스 선물이라며 사탕을 한 알씩 나눠줬다고 합니다. 알려지지 않은 이야기입니다. 비록 사탕 한 알이지만, 그 참혹한 전쟁통에 그 많은 피난민들에게 크리스마스 선물을 나눠준 따뜻한 마음씨가 저는 늘 고마웠습니다.

한미동맹은 그렇게 전쟁의 포화 속에서 피로 맺어졌습니다. 몇 장의 종이 위에 서명으로 맺어진 약속이 아닙니다. 또한 한미동맹은 저의 삶이 그런 것처럼 양국 국민 한 사람 한 사람의 삶과 강하게 연결되어 있습니다. 그렇기 때문에 저는 한미동맹의 미래를 의심하지 않습니다. 한미동맹은 더 위대하고 더 강한 동맹으로 발전할 것입니다."[22]

대통령은 장진호 전투가 없었다면 흥남철수도 불가능했을 테고, 10

만여 명의 피난민도 구출하지 못했을 것이라고 말했다. 그리고 그중에는 자신의 부모도 있었다며, 미 해병 제1사단의 활약이 없었다면, 자신도 존재하지 않았을 것이라고 덧붙였다. "알지도 못하는 나라, 만난 적도 없는 사람들"을 위해 치러진 숭고한 희생을 언급한 이 연설로 당시 임기를 막 시작한 진보 성향의 대통령에 대한 미국 조야의 선입견과 우려는 어느 정도 해소될 수 있었다. 더욱 중요한 것은 장진호에서의 희생이 오늘날의 선진 대한민국을 만들었다는 자부심을 참전용사들에게 심어줄 수 있었다는 것이다.

국군과 유엔군의 철수 과정에서 터키 병력이 투입돼 시간을 벌어주기 위해 활약한 것이나 미 해병 제1사단의 장병들이 장진호 전투에서 사투를 벌였던 것은 모두 오늘의 대한한국을 위한 값진 희생이었다는 점에서 이론의 여지가 없다. 그러나 2002년 한일 월드컵 당시 이 두 나라를 대하는 우리의 태도에는 미묘한 차이가 있었다는 점에서 한 번쯤 짚어볼 필요가 있다. 당시 한국은 두 여중생이 미군 장갑차에 희생된 사건으로 반미감정이 고조된 상황이었다. 대한민국이 월드컵 사상 최초로 4강에 올랐지만, 결승 진출에는 실패했고 터키와 3,4위전을 치르게 됐다. 당시 터키 국가대표팀은 6.25 전쟁에서 함께 피를 흘린 형제의 나라로 우리 국민들의 열렬한 응원을 받았다. 반면에 미국 국가대표팀에 대한 시선은 매우 곱지 않았다. 아이러니가 아닐 수 없다. 나라와 나라 간에는 갈등도 있을 수 있고 사이가 좋을 때도 나쁠 때도 있고 과거에 대한 해석도 달라질 수 있다. 하지만 우리가 어려울 때 3만 여명의 희생자를 내며 도와준 나라들이라는 사실은 망각이나 역사의 프레임 속에 띄워 보내려 해도 변할 수 없다. 그 자리에 지금도, 또 앞으로도 그대로 변하지 않는 사실, 기억해야 할 역사로 머물러 있을 것이다.

다시는 돌아오지 않는 해병

영화 『돌아오지 않는 해병』에는 서울을 수복한 해병들이 북으로 전진하는 장면이 나온다. 이들은 수복 과정에서 구출한 소녀 영희를 감춰서 데리고 다닌다. 소녀도 고아원에 가기 싫어서 이들을 따라다닌다. 연전연승에 눈까지 내린 북한 땅에서 장병들의 사기가 충천해 있을 때 보충병들이 도착한다. 최 일병(최무룡 분)과 봉구(구봉서 분)이다. 중학교 동창인 최 일병을 보자마자 구 일병이 달려들어 한바탕 싸

중공군 진지를 폭파시키는 해병 (National Archive #127-GR-25-169-A8504)

포격을 관측 중인 해병 (National Archive #127-GR-31-214-A167051)

움이 벌어진다. 동생을 밀고해 숨지게 한 게 바로 최 일병의 형이었기 때문이다.

　1950년 12월 25일 09시 03분, 마침내 작전이 하달된다. 그동안 불리한 지형에서 포탄 세례를 받으며 버틴 것은 적을 유도해 포위 섬멸하려는 기만전술이었다. 주인공들이 있는 제1소대와 제3소대가 잔류 접촉대로 남는다. 다른 부대들이 후퇴해 진지를 구축하는 14시까지 현 진지를 고수하다 적을 통과시키는 임무다. 14시 이후엔 어떻게 하느냐는 질문에 중대장은 소대장에게 맡긴다고 답한다. 그만큼 생존 확률이 낮다는 걸 암시한다. 분대장(장동휘 분)은 14시 이후에 살아남으면 집으로 돌아가라고 한다.

작전에 투입되는 우리 해병. 산등성에 아군의 오폭을 방지하기 위한 '미 해군 및 해병 응급야전병원'이라는 사인이 보인다. (National Archive #127-GR-31-214-A168696)

정오가 지나자 꽹과리 소리가 들리기 시작한다. 그래픽도 없던 시절 산등성을 타고 까맣게 내려오는 중공군의 모습을 촬영했으니 필시 군부대를 동원했을 것이다. 무기도 없이 수류탄만 들고 새까맣게 몰려오는 중공군의 인해전술을 실제와 유사하게 묘사하려 애쓴 흔적이 역력하다. 철조망을 파괴하고 위에 거적을 깔아 건너가기 쉽게 만들려는 선발대의 공격을 막아내니 본대가 밀려온다. 전사자가 속출하는 가운데 적의 파상공세를 막다 보니 어느새 14시가 되어가고 있었다. 사격을 중지시키고 엎드려 죽은 척하면서 적을 통과시킨다.

적이 몰려가고 나니 좌우측에 분산됐던 제3소대는 전멸, 제1소대 생존자도 손에 꼽을 정도지만, 더 문제는 적진 후방에 고립됐다는 것이다. 위치 노출을 꺼려 무전도 못 하고 연락병을 보낸다. 연락병이 중대장에게 상황을 보고하지만, 지원부대를 보낼 형편이 안 된다는 말을 듣는다. 결국 분대장과 최 일병을 제외한 전원이 전사한다. 오빠를 찾는 영희. 대한민국 해병 제1연대 제1대대 3중대 1소대 인원보고. 총원 42명 전사 39명 실종 1명 생존자 2명 중 1명 중상. 인원보고 끝. 소대장의 주검 앞에서 이뤄진 영화의 마지막 대사다.

흥남부두 생이별

윤제균 감독의 영화 『국제시장』(2014) 주인공 덕수는 6.25 전쟁 당시, 함경남도 흥남부두에서 아버지, 여동생과 생이별을 하고 피난민 대열에 끼여 남으로 내려온다. 덕수는 부산 국제시장에서 장사를 하다가 독일에 광부로 파견돼 외화를 벌어오고, 월남전을 겪으며 삶의

1950년 12월 19일 흥남부두 (National Archive #080-G-424096)

아무 배에라도 일단 올라타야 살 수 있었던 흥남부두 (1950년 12월 19일, National Archive #080-G-424513)

터전을 일군 평범한 사람이다. 어린 윤덕수(황정민, 엄지성 분)는 흥남부두로 향하는 아버지, 어머니를 따라 여동생 막순이를 업고 피난길에 나선다. 막순이(신린아, 스텔라 최 분)에게 '놀러가는 게 아니다'며 단단히 일러두고 길을 나선다. 배들이 모두 항구에서 나가버려 조각배를 타고 배까지 오면 태워줬다는 증언처럼 이들도 조각배를 타고 바다로 나가 큰 배에 오른다.

박격포 사수였던 참전용사 이용제의 증언을 보면 철수하는 흥남부두의 뒤죽박죽 혼란스런 모습이 그려진다. 이용제는 임무교대를 하러 가다가 중공군이 몰려온다는 소리에 후퇴해 함경북도 명천 근처의 낮은 산에 배치돼 있었다. 그때까지만 해도 기관총 소리나 포 떨어지는 소리를 멀리서 듣기만 했을 뿐 실전에서는 조준 한 번 해보지 않아서 머리 위 뒷산 꼭대기에서 기관총 쏘는 걸 구경만 하고 있었다. 그러다 중공군이 까맣게 몰려오는 모습을 보고 죽어라 뛰어서 산을 내려

흥남철수 이후 적진을 향한 미주리함의 16인치 함포사격 (1950년 12월 26일, National Archive #080-G-426954

흥남부두 폭파 순간, 미 해군 고속수송함 베고(USS Begor, APD-127) (1950년 12월 24일, National Archive #80-G-424297)

가 피난민과 뒤섞인 채 성진까지 걸어와 대대에 복귀할 수 있었다고 한다. 앞바다에 있는 수송선까지는 작은 배로 실어 나르는데, 민간인은 쪽배를 타고 와서 매달리면 태워주고 그렇지 않으면 놔두고 올 수밖에 없었단다. 부둣가에는 발을 동동 구르며 수많은 사람들이 몰려 있었고, 헤

영화 『국제시장』의 막순이처럼 전쟁통에 부모를 잃고 가족과 헤어진 전쟁 고아들은 약 10만명에 육박하며, 보육원에서 탁아되거나 전문기관을 통해 해외로 입양되었다. (National Archive #127-GR-25-164-A4280)

엄쳐 오는 사람, 배 타고 오는 사람들도 부지기수로 있었지만 수송선은 그대로 출항해 버렸다. 타고 가는 배에는 밥도 물도 아무것도 없었다. 선장이 설명하길 갑자기 징발되는 바람에 준비가 하나도 되어 있지 않다고 했다. 흥남에서 하루 정박하고 부산으로 떠났다고 한다.[23]

영화 『국제시장』에서 덕수의 아버지(정진영 분)는 아비규환의 혼란 속에서 배에 오르다 옷자락만 잡은 채 놓쳐버린 덕수의 여동생 막순이를 찾아서 가겠다며 맏이 덕수에게 식솔을 부탁한다. 그게 아버지의 마지막 모습이었다. 아버지도 막순이도 찾지 못하고 부산에 온 덕수네 가족들은 고모(라미란 분)와 함께 산다.

영화에 보면, 미군이 배에 실렸던 무기를 버리고 민간인들을 태워 후퇴하는 장면이 나오는데, 이때 한국인 통역을 맡아 피난민을 태워 달라고 미 제10군단장 알몬드 소장을 설득한 이가 바로 세브란스 의전(지금의 연세대학교 의과대학)을 졸업한 현봉학 선생이다. 서울역 앞 연세빌딩 앞뜰과 연세대학교 교정에는 10만여 민간인의 소중한 목숨을 구한 영웅의 동상과 부조가 그분을 기리며 세워져 있다.

밀고 밀리는 싸움

중공군이 전쟁에 개입하면서 상황이 급박해지자 영화 『태극기 휘날리며』에서는 각자 남하해 집결지에 모이라는 식으로 후퇴하는 장면이 그려진다. 서울 집에 들른 진석은 영신이 빨갱이로 몰려 우익청년단에게 끌려갔다는 사실을 알게 된다. 진석은 뒤이어 도착한 진태와 함께 우익청년단에게 영신이 국군 가족이니 빼달라고 요청하지만 받아들여지지 않는다. 빨갱이라면 치를 떨던 진태가 영신에 대한 믿음이 흔들리는 와중에 난투극이 벌어지고 영신이 우익청년단원들의 총에 맞아 숨진다. 우익청년단원들이 공산군과 싸우다 돌아온 국군과 난투극을 벌이는 상황. 진태를 원망하던 진석은 우익청년단원들과의 몸싸움으로 창고에 갇히고 후퇴하던 국군은 창고에 불을 질러 버린다. 타버린 창고에서 진석의 만년필을 발견한 진태는 이성을 잃고 포로로 잡힌 대대장을 돌로 쳐 죽여 버린다.

전쟁과 이념, 가족애가 뒤엉킨 역사의 잔인함이 스토리 전반에 묻어나오기 시작한다. 임진강까지 밀고 내려온 중공군은 서울을 점령하기 위해 서부전선의 연천과 중부전선의 철원으로부터 서울을 압박해 들어왔다. 이에 미군은 중공군의 포사격 사거리에서 벗어난 오산과 삼척까지 철수하기로 결정한다. 한국정부도 이에 따라 1월 4일 서울을 떠나 부산으로 철수한다.

1951년 1월 15일, 유엔군은 울프하운드 작전(Operation Wolfhound)을 통해 서부전선 중공군의 취약점과 배치상황을 파악하는 데 성공한다. 특히 중공군의 보급 상황이 매우 열악하여 아군을 계속 추격하는 것이 어려울 것이라는 사실이 확인되었다. 그리하여 곧 썬더볼트 작전(Operation Thunderbolt)으로 반격에 나서면서 반전의 계기를 마련한다. 그 결과 미군이 한강 이남까지 진군하는 데 성공했고, 중부와 동부전선에서는 홍천까지 확보하기에 이르러 서울 재수복을 눈앞에 두게 됐다.[24] 중공군은 서부전선의 열세를 만회하고자

1951년 1월 얼어붙은 한강 위로 긴 피난행렬 (National Archive #306-PS-52-2719)

1.4후퇴 때 인천역에서 기차를 기다리는 피난민 (1951년 1월 3일, National Archive #080-G-425418)

동부전선에 압박을 가하기 시작했고, 그 목표가 육군 제8사단이 주둔하고 있던 횡성군이었다. 2018년 평창 동계올림픽의 휘황찬란한 무대는 6.25 전쟁 당시 이곳에서 스러진 참전용사들의 고귀한 희생 위에 세워진 것이다.

제8사단에 대한 중공군의 공세는 거셌다. 1951년 2월, 강원도 횡성군 오음산. 휘파람 소리, 포탄 날아오는 소리, 황소 우는 소리, 비행기 날아가는 소리, 그리고 귀신 소리. 그래서 오음산(五音山)이란다. 전설 속에서는 다섯 가지 동물의 울음소리를 뜻했던 오음(五音)의 의미를 전쟁이 바꾼 것이다. 중공군이 대공세를 펼친 1951년 2월 11일 17시, 제8사단은 오음산 정상을 공격하고 있었다. 중공군이 갑자기 밀어닥쳐서 많은 피해를 입은 데다 후방까지 밀고 들어와 중공군 공격 개시 5시간 뒤인 2월 12일 01시경에는 포위되는 지경에까지 이르렀다. 미군은 많은 장비를 버리고 횡성으로 후퇴하고, 제8사단도 병력들이 분산돼 뿔뿔이 흩어져 일부는 개별 철수하는 상황까지 벌어진다. 횡성에 이르는 유일한 길목인 횡성교를 지키고 있던 네덜란드 대대는 대대장 마리누스 덴 우우덴 중령을 포함, 15명이 전사하는 악전고투 끝에 다리를 끝까지 사수해 이들의 철수를 돕는다.[25]

영천대첩의 주인공 오뚜기 제8사단은 이 전투에서 장교 323명과 병사 7,142명이 전사하거나 실종됐고, 남은 병력은 장교 263명과 병사 3,000명이었다.[26] 사단 병력의 70%가 괴멸된 것이다. 무릎까지 빠지는 눈 속에서 적탄을 피해 뛰려야 뛸 수 없었던 오음산 가파른 외길. 이상룡 참전용사의 제8사단 제21연대 제3대대 제10중대 병사들은 소대장을 비롯한 전사자를 묻어줄 틈도 없이 벼랑 밑 눈 속에 묻었다고 한다. 긴급 보충된 신병들은 하루를 못 넘기고 죽어나가고, 적 시체에서 방한모부터 벗겨 쓰고 그들이 남긴 콩과 강냉이로 허기를 때우며 부상병조차 호송하지 못하는 상황에 처한다. "내 고향은 선산군, 고아"라며 숨을 몰아쉬다 두 눈 뜬 채 스러져간 소년 병사의 앳된 모습을 뒤로 하고 횡성군 창봉리 미군 포진지로 철수하는 데 일단 성공한다.[27]

그러나 계속되는 후퇴. 허리까지 빠지는 눈밭에서 수없이 쓰러진 전우들과 부상병들. 그대로 놔두고 빠져나올 수밖에 없는 상황에서 참전용사 이상룡은 적정을 살피다 총상을 입는다. 방한복에서 빼낸 솜으로 총상 구멍을 지혈하다가 포로가 되었다. 밤마다 삶은 콩을 받아 연명하며 낮에는 공습을 피해 소나무 숲에 숨어 있다 밤에만 행진하는 고통스런 행군. 미군 시체만 보면 달려들어 방한복과 방한모, 군

눈보라 속에 묻을 수밖에 없었던 전우들 (National Archive #127-GK-197-A5363)

가벼운 부상을 당한 중공군 포로들 (National Archive #127-GR-20-141-A5212)

화를 벗겨 신어야 했던 생지옥. 부상당한 국군이 숨지면 낙엽과 솔가지로 무덤을 만들어 주었고, 중공군 부상병들은 국군포로들이 업고 들고 해서 걷고 또 걸었던 죽음의 행군. 이상룡은 춘천 부근 어느 눈 쌓인 고갯길에서 아래로 뒹굴어 가까스로 탈출에 성공한다.[28]

사실 국군과 유엔군이 38선 이남으로 철수하는 과정에는 수많은 일화가 배어 있다. 갑자기 밀어닥친 중공군에게 적잖은 수의 국군들이 포로가 되었는데, 이 중에는 포위된 채 꼼짝없이 포로가 된 제9사단 병력들도 있었다. 공중 전력에서 열세였던 중공군은 낮에는 공중 정찰에 노출돼 공습을 받다 보니 주로 밤에만 남진을 계속했다. 병력 수가 많다 보면 행렬이 길어지고 특히 야간에는 행군 간격이 늘어나게 된다. 국군 포로들은 이 틈을 타 탈출을 시도했는데, 이들을 향해 중공군들이 따발총을 갈기기도 했다. 그러나 야간사격 시 발생하는 섬광이 공중정찰에 노출될 걸 염려해 적극적으로 사격을 하지는 못했다고 한다.

고지전, 한 뼘 땅을 위하여

휴전회담, 설전(舌戰)의 시작

 1951년 중공군의 춘계공세를 막아낸 미국은 휴전회담을 고려하게 된다. 평양-원산선을 재차 돌파할 경우, 중국과 소련이 휴전에 응하기는커녕 또 다른 개입을 불러올 것이라고 판단한 데다 전쟁 지속 시 발생할 인명과 비용에 대한 염려를 하지 않을 수 없었다. 1951년 6월 당시 이미 전사자 21,300명에 부상자 53,100명 등 총 7만 8천명의 인명피해를 감수해야만 했던 미국으로서는 약 20만 명의 병력과 9억 달러의 예산이 소요되는 전쟁을 더는 지속할 수 없다고 판단한 것이다. 중국 역시 춘계공세 과정에서 10만 명의 병력 피해를 입었고, 특히 화력에서의 열세로 사기가 저하된 상황이었는데, 소련에서의 장비 지원도 미미했기 때문에 휴전에 나서기를 원했다는 분석이다.[1] 북한도 한번 압록강까지 밀려본 위기의식을 쉽게 떨쳐버릴 수 없었을 것이고, 이미 전역이 초토화된 상황에서 주민들의 생활고가 가중될 경우 체제 유지마저 위협받게 돼 마지못해 휴전에 임하는 모습을 보였다.

1951년 3월. 서울은 곧 다시 수복됐지만, 전선은 밀고 밀리는 기나긴 터널 속으로 빠져들고 만다. 이어서 7월, 막상 휴전회담이 시작됐지만, 동상이몽의 양측 입장은 수평선을 그릴 수밖에 없었다. 일단 북한군과 중공군은 휴전회담이 진행되는 틈을 타 진지를 보강하고 전력을 정비해 빼앗긴 진지를 회복할 역량을 확보하려 했다. 이에 맞서 국군과 유엔군도 뒤질세라 제한된 범위 내에서 조금이라도 더 많은 영토를 회복하기 위해 전선에 지속적으로 압력을 가하고 있었고 이를 통해 휴전회담에서의 주도권을 확보하려 했다. 휴전회담장에서는

백마고지 전투에서 활약 중인 제9사단 53탱크대대 (국가기록원 CET0048195)

'설전(舌戰)'이, 고지에서는 '혈전(血戰)'이 전개된 것이다.[2] 이후 휴전이 이뤄질 때까지 2년여 동안 양측의 피 말리는 공방전이 계속된다.

밀고 밀리는 공방이 계속되던 중부전선 산악지대를 중심으로 고지쟁탈전이 치열하게 전개되었다. 산지가 많은 지형적 특성상 한반도에서의 전쟁은 대부분 고지를 차지하기 위한 공방이 많았다. 일단 고지가 확보되면, 주변 전황을 살펴보기 유리하고 전쟁 재개 시 시의적절하게 대응할 수 있었다. 또한 전략적으로 유리한 상황에서 휴전협정을 이끌어낼 수 있다는 장점 때문에 전쟁 막바지로 갈수록 한 뼘의 땅이라도 더 차지하기 위한 혈투가 계속되었다. 크고 작은 치열한 전투의 한복판에서 스러져간 젊은이들에게 그건 어떤 의미였을까.

『태극기 휘날리며』의 마지막 장면. 병원에서 회복된 진석은 수사기관에 소환된다. 그리고 진태가 북한군 깃발부대 대장이 되어 국군에 커다란 피해를 주고 있다는 사실을 듣는다. 자신이 죽은 것으로 오해하고 있다는 것을 직감한 진석은 형을 만나기 위해 고지전이 한참인 최전선으로 향한다. 북한군에 일부러 포로까지 되면서 형을 만나려 했던 진석. 급기야 백병전의 와중에서 깃발부대가 출동하고, 진석은 형 진태를 만나지만 그는 동생을 알아보지 못하고 그와 백병전마저 벌인다. 하지만 마침내 진석을 알아보고 제정신을 차린 진태. 죽은 줄 알고 고이 간직했던 진석의 만년필을 건네지만 진석은 돌아와서 직접 달라며 먼저 탈출한다. 북한군 깃발부대 대위는 다시 진석이 형 진태로 돌아온다. 그리고 동생을 돕기 위해 북한군 진영을 향해 기관총을 발사한다. 진태에겐 이념도, 남과 북도 없었고 오로지 동생 진석만이 있었던 것이다. 그러고는 50년 뒤, 진태는 바로 그 자리에서 백골이 되어 동생 진석과 마주한다.

전장터의 사람들

대한민국 해병대는 1950년 7월 17일 북한군과 처음으로 교전한 이후 휴전 때까지 전선을 종횡무진 누비면서 혁혁한 전과를 올렸다. 특히 통영상륙작전(1950년 8월)과 인천상륙작전, 도솔산지구 전투(1951년 6월)와 김일성고지 전투(924고지 및 1026고지 전투, 1951년 8월 말~9월 초), 그리고 양도대첩(1951년 8월~1952년 2월) 등 해병대 5대 대첩은 '귀신 잡는 해병'의 전통으로 상징되고 있다.[3]

김기덕 감독[4]의 영화 『5인의 해병』(1961)은 1961년에 개봉된 영화라 촬영기법이나 편집, 효과 등에서 현재와는 많은 차이가 있지만, 귀신 잡는 해병의 모습을 실감나게 보여주는 스펙터클한 전쟁영화라고 부르기에 손색이 없다. 우리 영화계를 이끌어 온 산 증인들의 젊은 모습을 볼 수 있는 몇 안 되는 영화이기도 하다. 반공영화 일색이던 당시 대부분의 전쟁영화와는 달리 다양한 출신과 배경, 개인사도 담아내며 전쟁터에서 살아가는 인간들에 초점을 맞춰 머릿속이

미 해병 헬기로 작전지역에 투입되는 우리 해병 (1952년 4월 20일 촬영, Naval History and Heritage Command #NH 97145)

복잡한 병사들의 심리를 잘 묘사하고 있다.

　영화의 배경이 어디일까? 6.25 전쟁 당시 해병대의 활약상을 말하자면, 단연 도솔산지구 전투와 김일성고지 전투가 벌어진 강원도 양구군 해안면 일대를 생각해 볼 수 있다. 도솔산지구 전투는 1951년 6월 4일부터 보름간 진행됐는데, 이 전투가 해병대에 어떤 의미인지는 포항 해병 제1사단의 대강당 이름이 다름 아닌 '도솔관'이라는 데서 미루어 짐작할 수 있다.

　도솔산은 정상이 1148고지로 1,000m를 넘는 봉우리가 연이어 있는 험준한 산악지형을 이루고 있다. 도솔산지구 전투는 산 정상을 포함해 24개 봉우리를 모두 점령해야 하는 까다롭고 힘든 작전이었다. 앞서 미 해병 제1사단 제5연대가 많은 손실을 입고 물러난 곳이기도 하다. 우리 해병 제1연대는 6월 4일 공격을 개시해 무수한 지뢰와 기관총탄을 헤치고 북한군 4,200명이 완강히 지키고 있던 고지 점령에

1951년 5월 22일 홍천지구 전투 (National Archive #127-N-A8585)

해병의 기관총 진지 전방에 터진 백린탄 (National Archive #127-GR-25-170-A156992)

적 진지에 화염방사기를 발사하는 해병 (National Archive #127-GR-28-197-A8505)

나섰다. 뺏고 나면 다시 반격을 받는 치열한 육박전 속에서 제2대대 제7중대가 1121고지를 점령하는 데엔 성공했지만, 전투 가능한 대원이 10여 명밖에 남지 않은 상황에서 적의 반격을 받아 중대 자체가 증발해 버리기도 했다. 악에 받친 해병들은 적의 주특기인 야간급습을 거꾸로 이용해 1143고지와 1121고지를 점령하는 데 성공한다. 이후 미 해병 제5연대 및 제7연대와의 전선 연결에 성공해 승기를 잡는다. 마침내 6월 19일, 도솔산을 완전히 점령한다. 2,263명의 적병을 사살하고 44명을 생포했지만, 700여 명의 우리 해병도 피해를 입

75mm 무반동총을 발사하는 우리 해병 (National Archive #127-GR-28-195-A170206)

었다. 북한군은 도솔산에서 물러난 후, 더 높은 대우산으로 철수하여 도솔산을 향해 포격을 계속해 해병 제1연대는 미 제2사단 예하 제38연대와 제23연대, 네덜란드 대대와 함께 대우산 전투에 나선다. 7월 30일, 결국 대우산은 우리 수중에 떨어졌다.[5]

미 해병의 사이판 전투를 그린 오우삼 감독의 영화 "WindTalkers" 『윈드토커』(2002)에는 영어를 할 줄 아는 일본군들이 미군의 무선을 가로채는 걸 막기 위해 인디언 나바호족을 무전병으로 훈련시켜 전장

무전으로 상황을 보고하는 우리 해병 (National Archive #127-GR-31-124-A156473)

에 투입하는 장면이 나온다. 영어를 하는 일본군이 흔하지 않은 상황에서도 무선 가로채기 때문에 고심하는데, 같은 말을 쓰는 우리들이야 오죽했을까. 도솔산 전투에서 우리 무전기를 노획한 북한군이 무전을 듣고 미리 대처하는 바람에 우리 해병이 여간 고전을 한 게 아니었다. 그래서 찾아낸 방법이 사투리를 이용하는 것이었다. 당시 우리 해병 제1연대 병력 상당수가 제주 출신이었는데, 그걸 십분 활용해서 무전을 아예 제주말로 하라는 지시가 있었다. 경상도, 전라도, 평안도, 함경도 심지어 연변 사투리도 알아듣지만 하필이면 제주 사투리.

무전기에서 제주 사투리를 들은 북한군 병사들의 표정을 담은 영화가 빨리 나왔으면 한다. "이거이 오데 말이가" 이러지 않았을까?

김일성고지 전투는 나흘간 벌어졌다. 1951년 8월 31일부터 9월 3

기관포 진지에서 적진을 살피는 우리 해병 (National Archive #127-GR-31-214-A162978)

우리 해병의 박격포 진지 (National Archive #127-GR-31-214-A162973)

M1소총과 수류탄, 그리고 실탄 (National Archive #217-GR-31-214-A162987)

임진강변으로 보이는 강둑 진지에서 강 건너 적을 향해 사격하는 우리 국군 (국가기록원 CET47877-54_PI201902466945)

적 전차의 길목을 차단하기 위해 바주카포를 정비하는 해병 (National Archive #127-GR-31-214-A162984)

일까지 해병 제1연대는 북한군 제1사단이 점령하고 있던 924고지와 1026고지 탈환에 투입됐다. 당시 북한군은 924고지를 김일성 고지로, 1026고지를 모택동 고지로 명명하고 절대 사수를 다짐한 상태였다. 8월 31일 06시를 기해 공격을 개시한 해병은 백병전 끝에 9월 2일 김일성 고지를, 9월 3일 모택동 고지를 완전히 점령했다. 북한군 382명이 전사하고 44명이 생포됐으며, 105명의 해병이 전사했고 388명이 부상을 당했다.[6]

한편 영화 『5인의 해병』의 배경으로는 사천강 전투도 생각해 볼 수 있다. 영화에선 적진에 북한군이 있어 동부전선일 가능성이 크지만, 동부전선은 고지전이 전개되고 있어서 영화에서 펼쳐진 전투와는 좀 차이가 있다. 게다가 영화 도입부에서 해병들이 공격은 하지 않고 매일 진지만 지키며 답답해하는 장면이 그려진다. 1952년 3월 서부전선에는 해병대가 유일한 한국군 부대였는데, 사천강 전투는 해병 제1연대가 미 해병 제1사단의 지휘통제를 받으며 중공군의 압박을 막아낸 전투였다. 미 제1사단은 공격하지 말고 방어만 하라는 작전 명령을 내려 우리 해병들이 답답해했다고 한다. 중공군들이 우리 방어선을 임진강 이남으로 퇴각시키기 위해 장단반도를 확보하고 압박을 가하고 있었지만, 귀신 잡는 해병들은 물러서지 않고 맞섰다. 하지만 전초기지들이 대대본부와 2km 이상 전방에 추진돼 있는 데다 주변이 평야지대라 적의 포사격에 노출돼 있어 방어에 특히 힘들었다고 한다. 당시 제5중대를 이끌던 도솔산 전투의 영웅 이근식 중위는 싸움은 치고받고 해야 하는데 두들겨 맞고만 있으라니 해병들이 지칠 수밖에 없었다고 회고했다.[7]

여하튼 영화의 주인공은 해병소위 오덕수(신영균 분). 그가 친아버지 오성만 중령(김승호 분)의 대대에 부임한다. 지금은 만화에서나 가능한 일이지만, 출범 초기의 해병부대는 워낙 규모도 작고 장교의 숫자도 적어서 바닥이 좁았던 당시에는 불가능한 일이 아니었다. 어머니 제사에도 술 먹고 늦게 들어오는 형만 더 아꼈던 아버지에 대한 서운함을 품고 자란 오 소위는 그러나 아버지가 반갑지 않다. 나머지 주인공 네 명 모두 출신과 배경, 사연도 다르다. 시골 출신의 해병 영선(박노식 분)과 대학물을 먹다 입대한 종국(최무룡 분), 아버지 없다는 놀림을 못 참던 훈구(황해 분). 그는 고향에 두고 온 홀어머니를 늘 그리워한다. 의장대 출신 해병 주환(곽규석 분)은 항상 주변을 재밌게 해주는 오락부장이다. 이들에게 공통점은 하나. 이들을 못살게 구는 분대장이라는 존재였다. 그러다 분대장이 홀로 적진을 정탐하러 가서 적의 탄약고 위치를 파악하고 돌아오던 중 중상을 입고 끝내 숨진다. 숨지기 직전 자신이 괴롭혔던 병사들에게 사과하는 장면에서 갈등은 해병정신으로 승화한다. 탄약고 폭파를 위한 특공대에 자원한 5인의 해병. 작전 출발 직전 대대장 오 중령은 아들과 마주하고 짧은 대화를 나눈다. 아버지가 아끼던 형이 사실은 친아들이 아니라 어머니가 결혼 전 낳은 아들이라 오히려 더 편애했다는 얘기에 부자지간의 갈등이 눈 녹듯이 사라진다. 작전에 나가서도 해병들은 웃음을 잃지 않지만, 결국 훈구와 주환, 영선은 전사하고 오 소위와 종국만 탈출하여 본대로 복귀한다. 그러나 이미 부상당한 오 소위는 숨을 거두고 아들의 주검 앞에 슬퍼하는 오 중령의 모습을 보여주며 영화는 끝을 맺는다.

하늘에서 산화하다

고지전이 전개되면서 빠지지 않고 나오는 얘기가 포격 지원과 공중 지원이다. 특히 공중에서 제트전투기가 쌩쌩 날아가며 떨어뜨리는 네이팜탄은 중공군의 인해전술을 막는 데 큰 위력을 발휘했다. 아쉽게도 6.25 전쟁에서 공군의 활약을 다룬 영화는 많지 않다. 공군 관련 영화 자체가 많지 않아서 최근의 영화라고 해봐야 10년 전에 개봉된 것으로 북한과의 가상 공중전을 다룬 "R2B"『리턴 투 베이스』(2012)가 있다. 그러나 북한 미그기가 63빌딩 옆을 스쳐 지나간다는 식의 현실과 상당히 괴리가 있는 설정으로 현실감이 떨어진다. 6.25 전쟁을 배경으로 공군 조종사를 다룬 영화로는 『빨간 마후라』(1964)와 "The Bridges at Toko-Ri"『원한의 도곡리 다리』(1954)가 있다.

신상옥 감독의 『빨간 마후라』(1964)는 1952년 사천기지에서 강릉기지로 이동한 아홉 명의 조종사 얘기를 다루고 있다. 제10전투비행단 전대장(박암 분)은 조종사들에게 빨간 마후라를 나눠주며 항상 비겁하지 말 것을 당부한다. 자칭 산돼지라는 편대장 나관중 소령(신영균 분)은 빨간 마후라를 뺏으며 호된 질책과 훈련을 하지만, 사실은 부하들을 아끼는 따뜻한 마음이 얼굴에 쓰여 있는 인물이다. 비상 탈출 뒤 전사한 동료 노도선 대위(남궁원 분)의 부인 지선(최은희 분)을 돌봐주는 따뜻한 마음의 소유자이기도 하다. 영화는 당시의 시대상을 고려한다고 하니 요즘 트렌드에 맞지 않는 장면들은 관객들이 이해하고 봐야 한다. 신상옥 감독과 최은희 배우는 북한에 납치됐다 탈출하여 더욱 유명해진 부부로 그들의 전성기에 제작된 영화가 바로 『빨간 마후라』다.

출격을 위해 F-51로 달려가는 빨간 마후라들 (2010 국방화보, 대한민국 국군)

    영화에서는 조종사만이 겪는 아픔을 묘사하고 있다. 영화 "Officer and Gentleman"『사관과 신사』(1982)에서 조종사들이 부르는 군가 가사가 특이하다. 갓난아이가 엄마 젖을 물고 있는 곳에도 명령이라면 폭탄을 떨어뜨린다고 반복하는 가사다. 영화에서도 배 중위(최무룡 분)가 자신이 자란 고향에 폭탄을 떨어뜨려 괴로웠다는 속마음을 지선에게 털어놓는다.

    지선은 전사한 남편(남궁원)에게 주려던 빨간 마후라를 배 중위에게 준다. 전대장은 선배 미망인과의 사랑을 탐탁지 않게 생각하지만, 편대장은 조종사의 여인을 다른 남자에게 맡길 수는 없다며 응원한다. 때마침 지선은 고열에 시달리고 배 중위는 곁을 지키는 신파극이 연속된다. "얘기를 하다 보니 열이 없어지는 것 같아요. 이마에 손 좀

승호리 철교 폭파 작전 (전쟁기념관 소장, 한국문화정보원 촬영, 2018년)

대보세요." 그리곤 당시 보기 힘들던 키스 신. 그것도 당대 최고 인기를 누리던 남녀 배우 최무룡과 최은희가 보여준 장면에 당시 관중들의 반응이 대단했다고 한다. 아베마리아가 흘러나오는 가운데 두 사람은 성당에서 둘만의 결혼식을 올린다. 최은희 배우가 당대 최고의 미남이던 남궁원 배우와 최무룡 배우를 번갈아 남편으로 맞이하는 설정에 부러워하는 여성들도 꽤 많았다고 한다. 그리고 크리스마스 장면이 이어진다. 영화에서 1952년이라고 했으니 『돌아오지 않는 해병』과 같은 시간을 배경으로 하고 있다.

마침내 어려운 작전이 하달된다. 평안남도 안주를 지나 맹중리 다리를 폭파하기 위한 출격 명령이었다. 배 중위는 타고 있던 전투기가 대공포에 맞아 무릎에 상처를 입지만 탈출해서 적진에 떨어진다. 그러나 동료 조종사들의 엄호 속에 무사히 구출돼 서울로 후송된다. 맹중리 교량을 폭파하기 위한 2차 출격에서 나관중 소령이 불붙은 전투기를 몰고 교량에 자폭, 장렬히 전사한다. 나 소령 어머니는 아들이 전사한 줄도 모르고 부대로 찾아온다. 아들이 죽은 어머니는 결연하게 아들 주려고 싸온 떡을 나눠주며 동료 조종사들에게 술을 산다. 아들을 사랑했던 여인에게 아들의 빨간 마후라를 건네주면서 영화는 끝을 맺는다. 영화 제작을 후원했던 공군이 에어쇼와 당시 보여줄 수 있는 모든 것을 영화에 담아 엔딩 장면을 장식한다.

영화『빨간 마후라』의 편대장 나관중 소령은 실제의 유치곤 장군

함경북도 길주 남쪽 교량 (Carlson's Canyon Bridge)은 1951년 3월 3일 아군에 의해 최초 파괴됐으나 북한군이 복구해 3월 15일 다시 파괴했고, 북한군이 또 다시 복구하자 4월 2일 아군이 다시 파괴하는 공방을 거듭했다. (National Archive #80-G-687598)

L-4연락기 폭탄 투하 (전쟁기념관 2018)

을 모델로 했다. 마지막 출격을 나가는 나 소령의 출격 횟수가 200회라는 장면이 나온다. 6.25 전쟁 당시 유일하게 203회 출격 기록을 세운 공군 전투기 조종사가 바로 유치곤 장군이다. 그는 1949년 12월 공군에 입대, 1951년 4월 비행교육 과정을 이수하고 공군 소위로 현지 임관한 뒤, 그해 9월 영화의 무대가 된 강릉 제10전투비행단에 배속된다. 이후 1953년 8월 16일까지 203회의 전진 출격 기록을 달성한다.

『빨간 마후라』에서 나오는 교량 폭파작전은 '승호리 철교 폭파작전'이다. 당시 전투가 소강상태에서 뺏고 빼앗기는 고지전의 양상을

그림 미 공군 수송기 C-54 Skymaster가 북한 공군전투기에 의해 격추된 모습. C-54는 6월 25일 김포공항에서 1대, 6월 29일 수원공항에서 1대가 격추됐다.

띠자 공군은 지상의 고지전을 지원하는 한편 적들의 보급로 차단에 주력했다. 적의 주요 보급로 중 하나였던 승호리 철교는 평양으로부터 동쪽 10km 지점 대동강에 설치되어 있었는데, 중·동부전선으로 군수 물자를 나르는 주요 보급로였다.

승호리 철교는 미군 전투기들이 500회 이상 출격하고도 파괴하지 못했다. 영화에서도 미군이 실패했다는 얘기가 나온다. 1952년 1월 12일 오전, 오후로 각각 5대와 3대의 F-51(일명 무스탕, Mustang)기가 출격해 폭격했지만, 다리를 끊지는 못했다. 영화에서도 첫 출격에서는 폭파에 실패한다. 미군 교리에 따른 고공투하 방식으로는 폭파작전을 성공시킬 수 없다는 판단 하에 초저공 침투로 작전을 바꾼다. 영화에서도 강물 위를 낮게 비행하는 전투기들의 모습이 그려진다. 결국 1월 15일 6대가 출격, 철교를 폭파하는 데 성공한다.[8]

그런데 유치곤 장군이 제트교육 과정을 수료한 것은 1955년 2월이다. 전쟁 당시의 실제 교량 폭파작전은 F-51이 담당했으니 영화에 나오는 F-86 제트기는 현실과는 동떨어진 것이다. 영화 촬영 시 공군이 전폭적 지원을 하면서 당시의 최신예 전투기를 국민들에게 선보이려 했을 것이라고 짐작해본다.

6.25 전쟁 발발 당시 우리 공군력은 참담했다. 조종사는 90명이나 있었지만, L형 연락기인 L-4기 8대와 L-5기 6대, T-6 10대가 고작이었다. 국민들의 방위성금 30만 불로 전쟁 직전 캐나다에서 구입한 T-6 훈련기 10대가 그나마 전투가 가능한 비행기였다.[9] L형 연락

T-6 편대비행 (2010 국방화보, 대한민국 국군)

기는 흔히 비행교습을 받을 때 쓰이는 비행기와 같은 형태라고 보면 된다.

참전 조종사 강호윤의 증언에 따르면, 1950년 6월 25일 개전 첫날, 북한군의 소련제 야크(YAK)기 4대가 김포비행장에 나타나 공항을 휘젓고 다녀도 우리 공군 조종사들은 속수무책이었다. 우리에게는 비행기가 없었기 때문이다. 후에 준장으로 예편한 강호윤 장군에게는 "평생 가장 분통한 순간"이었다. 전쟁 발발 직후, T-6 항공기에는 폭격장치를 설치했지만, L형 연락기에는 이게 불가능하여 후방석 조종사가 폭탄 2개를 가슴에 안고 출격했다고 한다. 25일 저녁 동두천에서 의정부에 이르는 길에는 북한군 탱크 및 차량 행렬이 이어졌고, 그 대열을 향해 폭탄을 손으로 던지는 방식으로 북한군의 남진을 지연시키는 외에는 다른 방도가 없었다. 손에 폭탄을 들고 있으니 다른 무장은 할 수 없어서 조종사들은 완전 비무장 상태였고 적의 전투기라도 만나면 격추당할 위험도 있었지만, 적의 사격을 뚫고 출격을 계속, 폭탄을 274개나 투하하여 적 전차 및 트럭을 파괴하고, 적 250여 명을 살상하는 전과를 올렸다고 한다.[10] 참전 조종사 강호윤은 일본으로 건너가 F-51기를 인수해 오는 10명의 조종사 중 한 명으로 선발되었고, 이후 편대장으로 활약을 펼친다. 현재 그의 손자도 할아버지에 이어 전투기 조종사로 조국의 하늘을 지키고 있다.

후에 참모총장으로 복무한 참전 조종사 장성환은 6.25 전쟁에서 F-51기가 출격하게 된 경위를 증언하고 있다. 그는 전쟁이 발발한 6월 25일 밤, T-6기에 폭탄 투하장치를 장착하여 26일까지 출격을 계속하고 있었다고 한다. 기상이 나빠져 기지로 돌아왔는데 더는 출격하지 말고 대기하라는 명령이 내렸다. 일본에 F-51기를 인수하러 가

우리 공군 사상 최초 출격하는 F-51 전폭기 (2010 국방화보, 대한민국 국군) https://ko.wikipedia.org/wiki/%ED%8C%8C%EC%9D%BC:%EA%B3%B5%EA%B5%B0_F-51_%EB%AC%B4%EC%8A%A4%ED%83%95_%ED%8E%B8%EB%8C%80_(7445974640).jpg

야하니 수원기지로 가서 대기하라는 것이었다. T-6 조종사 10명은 수원에서 C-47 수송기에 타고 미 공군 F-82의 호위를 받으며 밤 9시 일본 기지에 도착한다. 미 교관들은 우선 T-6기를 함께 타고 조종 실력을 점검했는데, "이 정도면 문제없다"고 해 다음날부터 F-51기에 올라 비행훈련을 실시했다. 교육을 맡은 베켓(Beckett) 대위가 조종술에 만족하며 희망 사항을 묻기에 하루 빨리 돌아가 적을 공격하고 싶다고 하니 쾌히 승낙했다고 한다. 그리하여 F-51기들은 7월 2일 대구기지에 착륙했다고 한다.[11]

그런데 F-51로 출격한 지 이틀 만에 편대장 이근재 대령이 전사했다. 비행기는 가져왔지만 아직 탑재할 포탄이 안 와서 무기라곤 기총 밖에 없는 상태였지만 탱크를 저지해 달라는 육군의 간절한 요청을 뿌리칠 수 없었다고 한다. 탱크의 뒷부분 엔진을 맞추면 기동은 저지할 수 있다는 판단에 미군의 만류를 뿌리치고 출격했다가 그런 안타까운 상황이 발생한 것이다. 아래에서 번쩍하는 게 보였지만, 그 순간에는 대공포에 맞은 이 대령이 전투기를 몰고 적진에 돌진해 산화하는 불빛이었음을 알지 못했다고 한다.[12]

참전 조종사였던 김두만 전 참모총장도 개전 초기 아찔했던 전투 상황에 대해서 증언하고 있다. T-6를 몰던 조종사들이 F-51을 인수하기 위해 일본으로 떠났을 때, 그들이 몰던 T-6는 활주로에 서 있었다. 그런데 그중 1대는 적군의 폭격으로 손상을 입어 9대만 기동 가능한 상황이었다. 전황이 시급한데 유일한 전투기를 세워둘 수는 없어서 L형 기종을 몰던 조종사들이 T-6를 몰고 출격하기 시작했다고 한다. 참전 조종사 김두만도 6월 27일 아침 문산철교를 폭파하라는 명령을 받고 출격한다. 기상이 좋지 않았지만 저공비행으로 작전을 수행하고 있었다. 폭탄을 투하했는데 기체가 속도를 잃고 계속 내려가다 지상에 근접해서야 겨우 조종간이 말을 듣는 바람에 하마터면 자신이 떨어뜨린 폭탄 파편에 맞을 뻔했었다고 한다.[13]

어느 낯선 죽음

마크 롭슨(Mark Robson) 감독의 영화 "The Bridges at Toko-Ri" 『원한의 도곡리 다리』(1954)는 제임스 미치너(James Michener)의 원작소설을 바탕으로 만든 영화다. 미 해군 조종사 브루베이커(William Holden 분) 대위는 콜로라도주에서 변호사로 활동하다 징집된 인물이다. 함대 사령관 태런트(Fredric March분) 제독에게는 사고뭉치지만 왠지 모르게 애정이 가는 인물로 설정된다. 영화는 6.25 전쟁을 배경으로 하고 있지만, 한국보다는 일본이 더 자세히 소개되고 있다. 아직 제2차 세계대전으로 인한 전쟁의 폐해에서 채 벗어나지 못한 일본의 사회상이 그려진다. 미군을 상대로 하는 유흥업소라든가 온천문화도 소개된다.

주인공 브루베이커의 전투기가 격추되어 해상 탈출을 했다가 구조반에 의해 구출되어 무사히 돌아온 날, 그의 아내 낸시(Grace Kelly 분)와 딸들이 일본에 도착한다. 삶과 죽음의 경계에서 오가는 조종사의 내적 갈등은 점점 깊어만 가고 그런 와중에 도곡리 교량 폭파작전에 호출된다. 도곡리는 북한의 원산 근처에 있는 지역으로 도곡리 철교는 수차례의 공습에도 철통같은 방어망으로 지켜지고 있는 북한군의 주요 보급로였다. 주인공 브루베이커의 F9 전투기는 비처럼 쏟아

F-9B의 교량파괴작전 (1952년 11월, National Archive #080-G-639948)

출격 준비를 위해 견인되는 미 해군의 F9F 팬더 제트전투기 (National Archive #111-SC-345275)

지는 대공포를 뚫고 마침내 교량 폭파에 성공한다. 하지만 돌아오는 길에 2차 목표를 공격하다가 적탄을 맞고 결국 논바닥에 불시착하게 된다. 그리고 전투기 조종사 브루베이커를 잡기 위해 북한군들이 벌

미 해군 항모 박서(USS Boxer, CV-21)에서 출격한 721 전투비행편대의 원산 상공 비행, 영화 "The Bridges at Toko-Ri"에서 주인공 브루베이커 대위 (William Holden 분)가 조종한 전투기 F9F-5와 같은 기종인 팬더(Grumman F9F-2 Panther) (1951년 7월 15일, National Archive #80-G-431907)

떼처럼 몰려온다.

  동료 조종사들이 엄호사격을 해 주지만 곧 연료가 떨어져 그들은 기지로 복귀할 수밖에 없다. 곧이어 구조 헬기가 도착하지만, 그마저 격추당하고 평소 친하게 지내던 포니(Forney, Mickey Rooney분)와 함께 적진에 고립된다. "왜 아무도 없지?" 필사적으로 구조대를 기다리던 그들을 북한군들이 결국 찾아내고, 북한군의 총탄에 쓰러지는 브루베이커. 아무도 신경 쓰지 않는 낯선 이국에서 죽어가는 모습으로 묘사된다.

  "The Bridges at Toko-Ri"는 보기 드물게 항공모함 이착륙 장면을 마치 현장에 있는 것처럼 실감나게 전달해 줘 눈길을 끈다.[14] 주연

6.25 전쟁 당시 제공권은 미군이 완전 장악하고 있었다. 브루베이커 대위가 몰던 F9F-5와 기종은 다르지만 같은 숫자 209가 새겨진 F2H-2 전투기가 휴전 바로 전날인 1953년 7월 26일 흥남상공을 비행 중인 모습. (National Archive #80-G-630625)

배우인 윌리엄 홀든은 주인공이 숨을 거두는 원작을 바꾸지 않는다는 조건 하에 출연했다고 한다. 죽음의 의미를 생각하게 해주는 철학적 메시지도 중요했지만, 그의 동생이 제2차 세계대전에서 전투기 조종사로 활약하다 전사했다고 하니 그의 동생을 추억하며 출연한 영화라고 볼 수 있다.[15]

전혀 알지도 못하는 생면부지의 장소에 이유도 모른 채 폭탄을 떨어뜨려야 하는 전투기 조종사들의 인간적인 갈등과 회의감이 영화 전반에 흐른다. 어떤 면에서 영화 "Pork Chop Hill"『폭찹고지 전투』(1959)에서 병사들이 나누었던 대화들과도 일맥상통한다.

6.25 전쟁은 제2차 세계대전 이후 자유진영의 리더로 등장하게 된

미 제3사단 제15연대 C중대 1소대장 랄프 반스(Ralph Barnes) 중위의 수류탄 투척 (1951년 3월 23일, National Archive #111-SC-365263, Signal Corps Photo #8A/FEC-51-9245)

양구전선 피의 능선 북쪽, 단장 능선(Heartbreak Ridge)에서 미 제27연대 병력이 적진 30m 앞에 참호를 파고 매복하고 있는 모습 (Feldman 촬영 1952년 8월 10일, National Archive #111-SC-410716)

미국이 치른 첫 전쟁이었다. 그래서 미국 주도의 국제질서가 아직 미국 국민들에게도 낯선 시기였다. 이런 막연한 반전의식들은 베트남 전쟁 시에 본격적인 저항운동으로 두드러지기 시작하고, 전쟁에서의 비밀유지와 헌법에 보장된 시민의 알 권리 간의 갈등이 불붙는 계기가 된다.

무엇을 위하여 총을 들었나

고지전을 영화화한 작품으로는 우리에게 잘 알려진 『고지전』(2011)과 "Pork Chop Hill"『폭찹고지 전투』(1959)가 있다. 후방에

고지전을 전개 중인 미 해병 (National Archive #127-GR-25-169-A5465)

적진을 향해 75mm 무반동총을 발사하는 Roman Prauty 일병 (Peterson 촬영, 1951년 6월 9일, National Archive #111-SC-369801)

서는 모든 것이 일상으로 돌아가고 있고 사람들은 휴전협상 타결 소식을 애타게 기다리고 있었지만, 전선에서는 한 뼘 땅을 놓고 뺏고 빼앗기는 고지전이 진행되고 있었다. 언제 휴전이 조인될지 모르는 상황에서 하나밖에 없는 목숨을 내놓고 작전에 투입되어야 하는 초조함이 두 영화 전반에 깔려 있다.

루이스 마일스톤(Lewis Milestone) 감독의 "Pork Chop Hill"『폭찹고지 전투』(1959)는 『고지전』(2011)보다 50여 년 앞서 제작됐다. 마일스톤 감독은 『서부전선 이상없다』(1930)로 아카데미 감독상을 받은 거장이다. 폭찹고지는 행정구역상 연천이지만 철원 지역 중부전선에 더 가까운 천덕산 부근 300고지를 일컫는다. 이 영화는 1950년대 말 제작됐음에도 불구하고 요즘 우리 전쟁영화에서 많이 나타나는 전쟁의 참혹함과 덧없음을 담고 있다. 영화는 실제 폭찹고지 전투를 배경으로 전쟁사가이자 예비역 준장인 마샬(Samuel Lyman Atwood Marshall)이 쓴 논픽션 *Pork Chop Hill: The American Fighting Man in Action, Korea, Spring 1953* (William Morrow, 1956)을 기초로 만들어졌다. 등장인물의 이름조차 그대로 사용할 정도로 사실에 기초해 만들어진 영화다.

휴전을 맞은 지 채 10년도 되지 않는 상황에서 동서냉전과 남북한 경쟁이 첨예하게 진행되던 당시 분위기를 고려한다면 영화가 국내에 개봉되기에는 다소 어려움이 있었을 것이다. 그래서 그런지 한국에서 인기 절정이던 당대 최고의 배우 그레고리 팩(Gregory Peck)이 주연을 맡았음에도 개봉되지 않았던 영화다. 영화의 대사 중에 어느 병사가, "한국을 위해 죽을 생각도 없고, 한국을 위해 싸우란 명령에 복종하지 않겠다. 또 그렇다고 10년 동안 감옥에서 썩을 생각도 없다"고 말하는데, 그 대사의 내용도 영향을 주지 않았을까 한다.

영화는 휴전협상이 진행되면서도 전투가 계속되던 1953년의 상황을 배경으로 시작된다. 교신이 올 때마다 휴전협정 타결 소식을 기대할 정도로 병사들의 마음은 들떠 있었다. 그만큼 그 당시의 전장은 이미 전쟁에 대한 피로감으로 가득 차 있다는 사실을 의미한다. 여느 때처럼 기대에 찬 교신 속에선 폭찹고지가 적에게 점령됐다는 사실이 전해진다. K중대가 폭찹고지를 점령하기 위해 출동하라는 명령이다. 신문에는 전쟁이 끝났다는 소식으로 가득 차 있건만 싸우러 나가야 한다는 병사들의 볼멘소리, 폭찹고지는 휴전협상이라는 커다란 그림 속에 들어 있는 하나의 칩에 불과하다는 장교들의 대화, 중대원들은 모두 휴전협정 타결 소식을 기다리고 있으니 마지막일지 모를 전투에서 죽고 싶지 않을 것이라는 대대장의 언급, 중대원을 내려놓고 기지로 돌아가는 5톤 트럭의 뒷모습. 영화의 도입 부분은 정치 흥정의 막후에서 치러지는 병사들의 희생을 암시하고 있다.

또 한 가지 흥미로운 대목은 6.25 전쟁 당시 중공군이 전개했던 심리전이 그대로 소개되고 있다는 점이다. 기지에 주둔해 있는 병력들을 대상으로 심리전 방송이 진행될 뿐 아니라 고지를 오르는 병사들

양구지역에서 8인치 포사격 중인 미 제96포병대대 (1951년 6월 25일, National Archive #111-SC-373025, Signal Corps Photo #X/FEC-51-21987)

을 맞이한 것 또한 적군의 총탄이 아니라 심리전 방송이었다. "K중대 여러분을 환영합니다. 저희들의 새집을 방문하러 오셨군요. 전 주인이었던 E중대가 어떻게 됐는지 아시나요"라고 하면서 사망자와 부상자는 물론 실종자 수까지 알려준다. 이어 중대가 정치적 흥정 때문에 사라져 버렸다며 이 싸움은 당신들의 싸움이 아니라고 방송하는 장면은 흥미롭기 그지없다. 특히 중공군이 틀어주는 애도 나팔 소리를 들으며 고지를 오르는 장면이 흑백영화임에도 너무나 사실적으로 묘사돼 극도의 현장감을 전해준다.

영화의 전환점은 중공군의 극렬한 저항을 뚫고 고지를 거의 점령해 갈 무렵 대대본부로부터 명령이 하달되는 시점이다. 세 시간 뒤 철수. 이때부터 무시무시한 대사들이 오간다. "저들은 동양인이고 게다가 공산주의자들이야. 폭찹고지를 공격 목표로 삼은 건 아무 가치가 없기 때문이지. 그 고지의 가치는 아무 가치가 없다는 거야. 우리 화력이나 싸우려는 의지를 시험하려는 거지. 저들은 우리가 지원 병력을 보내지 않을 거라는 걸 간파한 거야." 바로 북핵과 북한의 거듭된 도발을 다루는 우리의 자세를 시험하는 북한과도 같다.

영화의 클라이맥스에서 25명 남은 중대 병력은 지휘 초소 안에 한데 모여 모래주머니로 모든 구멍들을 막으며 중공군의 화염방사기 공격마저 버텨낸다. 마지막 무전에서 들은 지원 병력에 온 희망을 걸고서 말이다. 결국 지원 병력이 도착했고 폭찹고지를 지켜내고 만다는 얘기다.

"고지로 올라가는 길목을 막고 8인치 자주포로 집중사격을 했고, 공중에선 500파운드 폭탄을 마구 떨어뜨렸다. 그런데도 중공군은 계속 동굴에서 나와 싸우는 것이었다. 어떤 지휘관이든 이런 전투를 부하들에게 시킬 수는 없다고 생각했다. 그 조그만 땅덩어리를 차지하기 위해 치러야 했던 희생이 항상 맘에 걸렸다. 수많은 미군 장병들이 희생당해야 하는 상황에 회의를 느꼈다."[16]

폭찹고지 옆 백마고지를 지금도 잊을 수가 없다는 미군 참전용사 오켄도 씨는 당시엔 경사가 굉장히 심한 높은 산이라고 생각했는데, 한국에 와서 비행기로 내려다보니 그저 조그만 언덕일 뿐이었다고 회상했다. 눈이 오던 날 정상까지 오르는 데 10km도 넘는 것 같았었는데 말이다. 밀고 밀리는 공방전 끝에 올라간 정상에는 남북한 군인들의 시체가 여기저기 쌓여 있었다고 당시의 비참했던 상황을 증언하고 있다.[17]

혈전의 끝, 마지막 전투

영화 『고지전』(2011)이 주는 메시지는 사뭇 더 비장하다. 영화는 설전과 혈전이 거듭되던 1952년 겨울부터 이듬해인 1953년 7월까지를 배경으로 한다. 레코드판을 틀어 전선야곡이 흘러나오는 도입부에서 영화의 전반적 분위기를 읽을 수 있다. 시장에서 곡물이 거래되고 교복 입은 학생들이 오가며 전차가 개통되는 등 일상을 되찾아 가는 후방의 모습. "통일 없는 휴전에 반대"하는 학생들의 시위 장면에 이어 판문점 협상장에 펼쳐진 1:50,000 축척의 지도가 클로즈업된다. 하루가 다르게 고지의 주인이 바뀌는 상황에 따라 협상 입지와 휴전선이 달라지는 모습이 그려지는 시작부터 흥미를 자아낸다.

방첩대 장교인 주인공 강은표 중위(신하균 분)가 부역자와 친일파에 대한 처벌의 잣대가 다르다고 뱉은 말이 빌미가 돼 영창 대신 동부 전선에 수사차 파견된다. 북한군 편지가 우리 군사우편을 통해 천안에 사는 어머니에게 배달된 사건을 수사하는 것인데, 북한군과 내통하는 군 내부자를 색출하라는 것이다. 수사 대상자들이 휴전협상에서 중요 쟁점이 되는 애록고지 전투에 임하고 있는 악어부대의 부대원들이라 함부로 소환할 수도 없어 수사요원을 파견한다는 것이다. 그런데 강은표 중위는 그 부대에 실종된 줄 알았던 친구 김수혁(고수 분)이 있다는 사실을 알고 실종 당시를 회상하게 된다.

개전 초기 의정부에서 포로가 된 강 중위는 북한군 장교 현정윤(류승룡 분)에 의해 풀려나고 김수혁은 치료를 위해 북한군에게 끌려간다. "이 전쟁은 1주일이면 끝난다"고 호언장담하며 전후 복구과정에서 인재들이 많이 필요하니 고향에 돌아가 숨어 있다가 전쟁이 끝나면 나오라고 하는 북한군 현정윤 장교의 자신만만한 발언을 빌어 개전 초의 전황을 보여준다. 영화의 이 장면은 실제 있었던 사실을 바탕으로 한다. 1950년 6월 25일, 파죽지세로 남하해 불과 몇 시간 후인 아침 무렵 개성 시내를 점령한 뒤 선죽교 근처에서 수십여 명의 국군 포로를 발견한 당시 북한군 제6사단 제13연대 정치보위부 책임장교 최태환 소좌. 전쟁이 빠른 시일 안에 끝날 것임을 확신했던 그는 "이제 조국은 통일됐다. 여러분들은 집으로 돌아가서 조국 부흥에 이바지하라. 그리고 우리와 같이 행동하고 싶은 사람은 동참하라"고 연설한 뒤 포로로 잡힌 국군들을 풀어줬다고 한다.[18] 이런 경우도 있었지만, 실제로는 손을 뒤로 묶인 채 사살당한 국군과 미군의 시체가 다수 발견되면서 이들이 북한군에 대한 적의를 불태우는 계기가 됐다는 증언도 적지 않다.

예나 지금이나 원칙을 중시하는 신임장교와 그를 맞는 부대원들의 텃세는 비단 군대에만 있는 건 아니다. 회사도 마찬가지고 사회도 마찬가지다. 누가 맞고 누가 틀렸는지 시시비비가 안 될 때 경험도 중요하고 원칙도 중요하지만, 그보다 더 중요한 것은 상황 판단이다. 상황에 따라 경험이 중요할 수도 있고, 또 원칙이 중요할 수도 있다. 일선 경험을 쌓기 위해 전선에 자원한 신임 중대장 유재호 대위(조진웅 분)는 고지전에서 산전수전 다 겪은 부대원들 앞에서 군기와 원칙만을 앞세운 행동을 연발한다. 그는 끝내 언제 뺏길지 모르는 고지에 대공포를 설치하라고 지시하고 부대원들은 그러다 대공포를 북한군에 뺏기면 공중지원을 수행하는 미군 전투기들이 위험할 수 있다며 반발하지만 소용없다. 대공포는 하루 만에 애록고지가 적의 수중에 떨어지면서 북한군에게 넘어가고 대공포를 찾기 위해 또 작전에 투입돼야 한다. 신임 중대장의 지시가 '삽질'로 드러나는 순간이다. 사실 이런 장면은 전쟁영화에서 쉽게 찾아볼 수 있다. 영화 "Fury"(2014)에서도 전선에서 산전수전 다 겪은 워 대디(Brat Pitt 분)와 분장과 동작에서 초임장교라는 것이 확연히 드러나는 파커 중위(Javier Samuel 분)를 대비시키고 있다. 파커 중위는 실수는 하지 않지만, 임무수행을 위해 이동하던 중 나치가 동원한 소년병들에 의해 목숨을 잃고 만다.

영화가 본론으로 접어들면서 17세 신병 남성식(이다윗 분)이 부르는 '전선야곡'이 소개된다. 전선야곡은 1952년 유호 작사 박시춘 작곡의 가요로 2010년 작고한 가수 겸 작곡자 신세영이 부른 노래다. 지금은 트로트 중에서도 원조에 속할 정도로 오래된 노래지만, 1953년에는 가장 인기있는 신곡이었고 특히 전선에 투입된 병사들의 애잔한 감정이 녹아있어 지금까지 애창되는 곡이다. "······가랑잎이 휘날리고 이슬마저 내리는 전선의 달밤"에 잠 못 이룬 채 고향에 계신 어머님을 그리워하는 군인들의 공통된 마음을 읊고 있기 때문이다.

이 영화는 남·북한 간의 평화는 반복되는 교류 속에 형성되는 신뢰로 이뤄질 수 있다는 메시지를 전해준다. 국제정치학 이론과도 일맥상통하는 대목이다. 고지의 주인이 하도 많이 바뀌다 보니 그때마다 보급품을 옮기는 것에 지쳐서 어차피 다시 올 텐데 하며 땅에 묻고 갔는데 그게 시작이 된 셈이다. 처음엔 우리 보급품을 다 먹어치우고 배설물을 싸 놓아서 우리도 욕지거리 편지를 넣어 뒀는데, 어느 순간엔가 북에서 만든 정종 대병이 들어 있더라는 것이다. 그 술은 남쪽 출신 북한군 병사들이 고향에 부치고 싶은 편지를 부쳐달라는 일종의 뇌물이었던 거다. 그때부터 북한군들은 술과 성냥을, 우리는 담배 같은 걸 넣어뒀다는 것이다. 엄연한 군법 위반이고 실정법 위반이니 영화에서나 가능한 얘기지만, 그 어느 순간부터 서로의 보급품을 나눠 맛보는 작은 거래가 형성된 셈이다. 이 대목에서 잠깐 칸트(Immanuel Kant)의 경제 평화론이나 웬트(Alexander Wendt)가 말한 구성주의가 떠오르지만 복잡한 이론 이야기는 이쯤 하고 다시 영화로 돌아가자.

전임 중대장 사망사건을 조사하던 강 중위는 시냇가에서 드디어 저격수 차태경(김옥빈 분)과 만나게 된다. '2초'란 별명을 가진 저격수 차태경. 음속을 고려한다면 680m 밖에서 저격한다는 의미인데, 여성 저격수가 등장하는 영화는 종종 찾아볼 수 있다. 장 자크 아노 감독의 "Enemy at the Gates"(2001)에서도 소련군 여성 저격수 타냐(Rachel Weisz 분)가 나온다.

여하튼 '2초'가 본격 등장하는데 이번엔 저격 대상이 신병 남성식

제2차 세계대전 중 독일군 309명을 저격해 '죽음의 여인'이라 불린 우크라이나 출신 소련군 저격수 구드밀라 파블리첸코 (Lyudmila Pavilchenko) https://commons.wikimedia.org/wiki/File:Pavlichenko_in_a_trench.jpg

이다. 북한군과의 '교류 물품'을 나눠 맛보는 인싸가 돼 전선야곡의 가사를 북한군들에 일러주고 대신 선물로 독일제 보안경까지 받게 된 그가 '2초'의 총탄을 네 발이나 맞고 숨진다. 차태경은 네 발째를 발사하기 직전 보안경을 알아보고 잠시 망설이지만 결국 방아쇠를 당긴다. 아군 포격에 부상당한 채 도망가던 차태경은 강 중위에게 잡히지만 풀려난다. 차태경도 자신이 쏜 대상이 전선야곡이냐고 물어 전쟁의 환멸과 갈등 속에 빠져있음을 시사한다. 후에 김수혁 중위가 자신에게 보낸 편지를 보고 가슴 설레는 여인의 마음을 품지만, 이미 김수혁은 자신이 저격한 뒤였다. 이처럼 남과 북의 인연이 서로 얽히는 가운데 영화는 휴전을 맞는다.

그런데 휴전협정 발효까지 남은 12시간 동안 악어중대는 애록고지 재탈환을 명령받고 다시 전선에 투입된다. 살아 돌아갈 것이란 희망이 물거품이 되는 순간이었지만, 12시간만 버티면 된다는 희망을

지상 유도에 따라 적의 진지를 공습하는 미 해병 전투기 (National Archive #127-GR-32-217-A130948)

품고 불과 백 미터를 사이에 두고 북한군과 대치한다. 안개가 자욱한 전선에서 울려 퍼지는 북한군들의 노랫가락, 그것은 전선야곡이었다. 마지막 전투를 벌이기 전 남과 북의 병사들이 전선야곡 곡조 속에 얽힌다.

그렇게 마지막 전투가 시작되고 전쟁의 박진감보다는 허무함을 담은 배경음악이 곧 있을 장면을 예고한다. 고지의 주인이 바뀔 때마다 서로의 배급품을 나눠먹던 인물들이 서로를 죽고 죽이는 아비규환이 전쟁의 허무함과 잔인함을 폭로한다. 이 순간에 칸트고 웬트는 온데 간데없고 그저 살아남기 위한 절규와 몸부림만 있을 뿐이다. 그리고는 남과 북의 두 장교가 무전기에서 흘러나오는 "정전협정 5조 63항에 따라 전 전선의 전투를 중지한다"는 통지를 듣고 웃음을 터뜨린다. 전우와 나눠 피워야 할 화랑 담배를 함께 피우며 나눈 마지막 대화. 전쟁 초기에는 싸우는 이유를 분명 알고 있었는데, 지금은 너무 오래돼 잊어버렸다는 말을 남기고 화랑 담배 연기 속에 북한군 장교 현정윤은 눈을 감는다.

1953년 7월 27일 정전협정 조인. 정전협정은 모두 5개조 63개 항으로 이뤄져 있다. 1조는 군사분계선과 비무장지대를, 2조는 정화 및 정전의 구체적 조치를 담고 있다. 3조와 4조는 각각 전쟁포로에 관한 조치와 쌍방 관계 정부들에의 건의에 대한 것이며, 5조는 부칙으로 이 부칙 마지막 조항이 63항이다. 본 정전협정의 일체 규정은 1953년 7월 27일 22시부터 효력을 발생한다는 내용이다.

"오늘 내일이 벌써 2년이야"라는 대사처럼 2년을 휴전만 기다리다 스러져간 목숨이 50만이라고 영화는 지적한다. 실제 6.25 전쟁 기간 동안 목숨을 잃은 사람은 모두 137만여 명이다. 이 중 국군이 약 13만 8천 명, 미군이 약 3만4천 명, 북한군은 52만 명, 중공군은 15만 명 가까이 전사했다. 남한의 민간인 사망자는 24만 명이고, 북한에선 28만 명이 사망했다.

영화 『고지전』에서 하나 흥미로운 사실은 신병 남성식과 대위 신일영(이제훈 분)까지 까까머리를 하고 있다는 점이다. 고지전은 참호 안에서 참혹하게 벌어지는 백병전을 담고 있다. 우리가 주로 공격하는

다연장로켓포의 야간 발사장면 (1953년 4월 15일, National Archive #127-N-A171006)

주간에는 서로를 육안으로 식별할 수 있지만, 적이 공격해 오는 밤에는 칠흑 같은 어둠 속에서 피아를 구별할 수 없어 머리를 만져 빡빡 깎은 머리는 북한군, 머리가 길면 아군 이런 식으로 구별했다고 한다. 그러니 고지전이 한참 벌어지는 와중에 까까머리를 하고 있다는 것은 적으로 오인되기 십상인 설정이었다.

고지를 방어하는 중공군이 수류탄을 던지는 모습 https://commons.wikimedia.org/wiki/File:Battle_of_Triangle_Hill_Grenade_Throwers.jpg

철원 서부 31박격포 중대 (1953년 2월 7일, National Archive #111-SC-415620)

아군의 57mm 무반동총 발사 (1951년 3월 31일, National Archive #111-SC-365341, Signal Corps Photo #FEC-51-10111)

8인치 포사격 장면 (1951년 6월 10일, National Archive #111-SC-369802, Signal Corps Photo #8A/FEC-51-19240)

고지전을 지원하기 위한 전차의 포사격 (National Archive #111-SC-398704)

중부전선으로 이동 중인 우리 국군 (National Archive #127-GR-177-A7994)

　실제 6.25 전쟁 말에 전개된 고지전은 영화보다 훨씬 더 참혹했다. 영화에선 국군과 북한군의 고지전이 그려지지만, 실제 북한군과의 고지전은 동부전선에서, 서부전선에서는 밀려오는 중공군과의 고지전이 벌어지고 있었다. 참전용사 이기정은 고지전에서의 전투상황을 더할 수 없이 생생하게 증언하고 있다. 그에 따르면, 칠흑 같은 어둠 속에서는 적이 보여서 쏘는 게 아니었다. 기어오른다는 생각이 들면 그 순간 반사적으로 무조건 내리갈기지 않으면 자신이 위험해지는 상황이 되는 것이 고지전이었다. 바스락 소리에 수십 명이 동시에 총을 발사하니, 총소리에 귀가 막히고 총구에서 뿜어내는 섬광에 눈이 부셨다. 예광탄의 빛줄기가 산 아래로 춤추듯 내리꽂히면 정신착란이 일어난다고 했다. "찢어지듯 악쓰는 절규와 동시에 얼굴에 튀어오는 피와 선혈 냄새가 송곳같이 나를 찌르는 충격에도 이를 악물고 눈물을 삼켰다." 아비규환. "긴박, 공포, 전율" 같은 표현이 사치스러울 정도였다고 한다.[19]

참전용사 전상준은 전방고지로 배치되기 전 춘천에서 주먹밥을 먹으며 병사들끼리 수군대던 말을 기억한다. "전방 가면 3일 아니면 5일 산다. 다행히 부상당해 병원 가면 하나님이 보살핀 것"이라고 했단다. 화천을 지나 사방거리에 내려 신고하니 중포중대로 15명이 차출됐는데, 매일 포탄 차 1대로 포탄 300발을 운반하고 밤낮없이 50발에서 100발씩 한두 번 사격을 했다고 한다. 영화 『고지전』에서도 교통호와 먹을 것을 숨겨두는 참호가 나온다. 실제 고지전에서는 교통호와 교통호로 연결된 분대 별 내무반이 엄폐호로 만들어져 있고, 12명이 양쪽으로 누울 수 있는 공간에 가운데에는 드럼통 난로가 놓여있는 형태였다고 한다.[20] 참호전은 제1차 세계대전부터 본격화됐는데, 영화 『1917』(2019)에도 영국군과 독일군의 참호가 자세히 묘사되어 있다.

현실에서 고지는 밤낮으로 주인이 바뀌었다. 낮에는 우리가 차지하지만 밤에는 후퇴해야 했다. 중공군은 땅굴을 ㄹ자형으로 파서 만약 국군이 땅굴을 점령하면 입구를 막아버리고 그 안에 숨어버렸다. 화염방사기로도 섬멸할 수가 없었는데, 밤이 되면 고지 밑에서는 중공군이 인해전술로 공격해 오고 굴에서는 숨었던 중공군이 나와 협공을 하니 후퇴할 수밖에 없었다. 병력손실이 너무 많아 신병들을 소모품

으로 부를 지경이었다고 한다.[21]

　상황이 이렇다 보니 이기정 참전용사의 회고처럼 어이없는 상황이 발생하기도 했다. 1953년 1월 화천 교암산 194고지. 제2대대 제6중대가 적의 야간기습으로 사상자를 많이 낸 채 철수한다. 중대장도 파편 부상으로 후송되자 화가 난 연대장이 이기정 중위에게 잔류 병력을 이끌고 재탈환하란 불호령을 내렸다. 제9중대와 함께 언제 가해올지 모를 적 사격에 대비해 낮은 자세로 살금살금 전진해 나갔지만 사방은 고요했다. 포탄 터지는 소리보다 조용한 게 더 무서웠다. 어차피 죽는 몸 몇 초 더 살면 뭐하나 하는 생각이 들면서 착검하고 맨 앞에 서서 돌격을 외쳤다. 수류탄 투척거리가 되자 수류탄도 던지며 육탄 돌입했는데, 막상 고지에 들어가 보니 아무도 없었다. 어제 기습 공격을 한 뒤 모두 후퇴한 것이다. 텅 빈 고지를 향해 실탄과 수류탄을 쏟아 부은 게 머쓱했지만, 어쨌든 고지를 다시 찾은 건 확실했다.[22]

　고지전에서는 포사격 지원도 빼놓을 수 없는 중요한 요소다. 1953년 5월 하순, 고지전이 더욱 격렬해지면서 후방의 포대도 최악의 상황에 대비하지 않을 수 없었다. 전상준 참전용사는 이제는 정말 죽었구나 하는 생각이 들었던 때를 증언하고 있다. 전장의 상황이 급변하던 어느 날 소대장과 선임하사가 계급장을 떼고는 이제부터 소대장, 선임하사도 없고 선후배도 없으니 이름을 부르라고 하면서 앞으로는 부대별 암호를 사용한다고 말했다. 그러고는 머리카락 한 줌과 손톱, 발톱을 넣은 봉투에 이름과 주소, 부대를 적어 본부로 보냈다는데, 아마도 이때 그는 이미 이 세상 사람이 아닌 것 같은 느낌이 들었을 것이다. 적이 고지를 점령하기 위해 포진지부터 노려 계속적으로 집중 사격을 해대니 마치 하늘에서 불비가 오는 것 같았고, 파편에 발이

라도 맞으면 집에 갈 텐데 하는 생각마저 스쳐갈 정도였다고 한다.[23]

아군의 희생을 최소화하면서 고지 확보라는 목표를 달성하려면, 고지전에서도 전략적 접근이 필요했다. 1953년 5월 중순 235고지. 참전용사 김현조는 새벽 6시에 공격개시 명령을 받고 전날 저녁 7시경 기지를 출발했다. 그런데 6시가 돼도 중대장의 공격명령이 없었다. 대대장의 아우성에도 묵묵히 있던 중대장은 8시가 되어서야 돌격 예광탄을 올렸다. 아군 공격이 매일 새벽에 이뤄지니 적이 오늘은 공격이 없나보다 하고 경계를 늦춘 순간 공격한 것이다. 덕분에 전사 3명으로 고지를 점령할 수 있었다고 했다.[24]

고지전에서는 멀쩡한 고지에도 뜬금없는 철수명령이 내리는가 하면 적탄이 쏟아지는 속에서도 공격 명령이 내리기도 했다. 1953년 6월 23일 서부전선 노리고지. 노리고지와 베티고지 사이엔 넓은 개활지가 있어 전차 기동에 유리했고 오른쪽엔 임진강이 흐르고 있어 천연의 요새였다. 전쟁 막바지에 고지전이 한참 벌어지던 이 지역에서 당시 제1대대 제3중대 제3소대 소대장으로 참전했던 하병열 참전용사의 증언을 보면, 이와 같은 고지를 차지하기 위해 기습작전, 전투정찰 활동, 그리고 밀고 밀리는 전투가 얼마나 치열하게 전개되었는지를 알 수 있다. 제2대대가 노리고지를 점령한 뒤 제3중대에 인계하고 철수했는데, 23일 저녁 8시에 제3중대의 철수 명령이 내렸다. 중대가 철수하는 동안 하병열 참전용사의 제3소대는 철수하는 중대를 엄호하고 적의 전진을 저지하라는 지시가 있었다. 아군의 지원사격 덕에 하루를 버텼는데, 그 다음날인 24일 21시경 1개 분대만 남기고 소대는 또 철수하라는 지시가 내렸다. 1분대원 14명이 남고 나머지는 노리고지 하단 밥풀고지까지 철수해 방어선을 구축했다. 그런데 40분 뒤 중공군 1개 대대가 피리와 꽹과리를 치며 밀려왔고, 1분대원들의 생사는 알 수 없게 되었다. 아군의 집중 포사격이 있어서 밥풀고지는 지킬 수 있었지만 소대원이 14명밖에 남지 않아 싸울 의욕조차 없어질 정도였다. 6월 25일 07시에 반격 명령이 하달돼 제1소대가 공격에 나섰다. 그러나 중간지점에서 발이 묶여 버려서 하병열 참전용사의 제3소대도 14명밖에 남지 않은 병력으로 가세했다. 치열한 접전 끝에 12시경 노리고지를 탈환한다. 불과 15시간 전까지 아군이 있었던 곳인데 형체도 몰라보게 파괴돼 있었고 중공군 시체들이 즐비하게 놓여 있었다. 시체 사이에 엎드려 있던 중공군 4명을 생포해 후송하니 허리가 뻐근해 왔다. 수류탄 파편으로 부상을 당해 피가 흐르고 있었다.[25] 하병열 용사와 그 소대원들이 그토록 치열하게 싸워 차지하고자 했던 노리고지는 지금 비무장지대 북방한계선 바로 북쪽에 있다.

한편 노리고지와 근처의 베티고지, 니키고지와 인접해 있는 BAK고지는 참전용사 김우제 대위의 중대가 악전고투하던 중서부 전선의 경기도 연천군 산악지대이다. 1953년 6월 20일 밤 10시경부터 다음날 04시까지 적 포병 68개 대대가 약 만 발의 포탄을 쏟아 부을 정도로 치열한 전투가 전개되었다고 한다. 당시 중대장이었던 참전용사 김우제의 증언에 따르면, 이 전투로 지하지휘소 천장이 뚫려 하늘이 보였고 통신선과 무선 안테나도 파괴돼 모두 토굴 속으로 숨어들었다고 한다. 해군, 공군과 영국군 연락장교들까지 모두 20명가량이 대소변을 깡통으로 해결하고 포격이 잠잠해지면 잠깐씩 밖에 나와 유무선 상태를 점검하는 생활을 1주일 정도 지속했다. 그렇게 고지를 뺏고 뺏기던 6월 25일, 김우제 대위에게 고지 재탈환 명령이 하달된다.

돌격대를 뽑으려 했는데 모두가 자원해서 중대원 전체가 선봉에 서기로 했다고 한다. 공격시간 10시를 앞두고 아군의 포 지원사격이 진행됐다. 드디어 돌격! 제1소대에서는 공격개시선 100m 지점에서 소대장이 부상을 당해 선임하사가 지휘를 맡았고, 다시 600여 미터를 진격해 고지를 점령하고 보니 전사 12명에 부상 40명, 게다가 제2소대장은 행방불명이었다.[26]

언제 휴전이 될지 모르는 시점에서 조금이라도 유리한 지형을 확보하려는 고지전은 서로 한 시각의 여유도 주지 않았다. 고지 점령 40분 뒤에 바로 적이 반격해 왔고, 결국 적의 집중포화 앞에서 전멸 당할 위기에 처했다. 작전담당 조 중사가 부상당해 창자가 터져 나오는 중상을 입어 한 손으로 창자를 밀어 넣으려 애쓰고 있어서 도와주러 갔더니 조 중사가 한 손으론 손수건을 꺼내 김 대위 얼굴을 닦아주려 했단다. 괜찮다고 하고는 얼굴을 만지니 머리와 안면부에 파편을 맞아 피가 흐르고 있었다. 할 수 없이 부중대장 권 중위에게 지휘를 맡

헬기를 이용한 부상자 후송 (National Archive #127-GR6-51-A131996)

제6사단 야전병원 간호병들 (1950년 11월 29일, 2010 국방화보, 대한민국 국군) https://www.flickr.com/photos/kormnd/7445955486/in/album-72157630292490846/

기고 고지를 내려왔는데, 군의관이 머리부상으로 긴급을 요하는 환자라고 헬기 후송 진단을 내렸다. 중대장이 부상당했다는 소리에 대대장이 격려차 왔다가 포탄이 떨어지는 바람에 자신의 모자를 김 대위 들것에 두고 나갔고, 나중에 수술을 받고 정신을 차리고 보니 계급이 중령으로 적혀 있었다고 했다. 대대장 모자를 보고 그리 적은 것이었다. 아무리 대위라고 말해도 간호장교들이 웃으며 중령 대접을 해줘서 김우제 대위는 그렇게 엉겁결에 며칠 동안 중령 대접을 받았다고 한다. 어쨌든 고지 탈환은 성공했어도 그가 후송된 후 그의 중대는 후퇴했고, 곧이어 휴전이 발효되어 치열했던 장병들의 희생을 뒤로 한 채 BAK고지는 지금 비무장지대 안에 놓이게 되었다.[27]

여기서 휴전협정이 막바지를 향해 가던 1953년 7월 15일 서부전

의무대로 후송되는 부상자 (National Archive #127-GR-26-179-A1159)

선 베티고지에서 있었던 중공군과의 혈전을 언급하지 않을 수 없다. 경기도 연천군 임진강 북쪽에 위치한 베티고지는 육군 제1사단의 전초기지로 국군 최대의 전략적 요충지였다. 물론 적들에게는 최후의 대공격인 '7·13 대공세'를 통해 휴전협정 조인 전에 반드시 확보해야 할 전략지점 중 하나였다. 증강된 각종 화기들과 인해전술로 개미떼처럼 몰려들어 한 지역을 집중 공략하는 중공군의 공격에 사력을 다한 방어전도 역부족인 상황이었다. 그런데 김만술 소위가 이끄는 1개 소대가 18시간 반 동안 무려 19차례나 중공군과 혈투를 벌였고 결국은 중공군 대대병력을 물리치고 기적적으로 고지를 지킨 것이다. 이 베티고지 전투에서는 아군 병력이 전멸할 것을 각오하고 진내 사격 작전도 실행되었다.[28] 아군이 고지 안에 구축된 참호 속에 들어가 대피하는 동안 4차례의 포병 진내 사격을 실시하여 노출된 적을 섬멸

노획한 적의 무기와 장비 (National Archive #127-GR-31-216b-A9204)

하였고, 백병전까지도 불사하면서 격전을 치루어 끝까지 고지를 사수했다. 36명의 국군이 800명의 중공군을 맞아 결사항전으로 기적적인 승리를 일구었다는 베티고지 전투는 6.25 전쟁의 가장 신화적인 전투로 회자되고 있다.[29] 그러나 김만술 소위의 제2소대가 목숨을 바쳐 사수했던 베티고지는 안타깝게도 휴전협정에서 군사분계선 북쪽에 포함되었다.

지금도 그렇지만 군인이 휴가에 목숨 거는 건 목숨이 왔다 갔다 하던 전쟁터에서도 마찬가지였나 보다. 참전용사 문주홍의 증언에 따르면, 고지전이 한창 벌어지던 와중에도 야간기습 나가서 적을 생포해 오면 미국 무공훈장에 휴가 15일, 무기를 획득해 오면 15일 휴가가 주어졌다. 대부분 병사들은 무공훈장엔 관심 없고 오로지 휴가를 얻어 고향에 갈 생각에 야간기습 명령이 있으면 앞다퉈 지원하여 적정 규모의 수색조를 편성하는 게 여간 힘들지 않았다고 한다. 문주흥 하사가 전방 배치 2개월 만에 4번째로 받은 기습임무는 459고지 좌측 능선에 있는 적 중화기 진지 급습이었다. 어두운 밤에 급습하려는 목적지를 정확하게 찾아가는 것이 관건이었으므로 5분 간격으로 조명탄 발포 지원 요청을 했고, 이를 이용한 진지 습격 작전 계획을 세웠다. 출동시간인 20시에 실탄과 수류탄을 1인당 4발씩 휴대하고 출발했지만 안개비 때문에 예상보다 너무 어두워서 난감해졌다. 결국은 못 쓰게 된 전화선을 서로 잡고 일렬로 전진해 나갔다고 한다. 잘 보이지 않아 앞을 분간하기 어렵다 보니 목적지 부근에 너무 가까이 갔는데, 그 덕분에 오히려 이상한 기운을 눈치챈 적이 따발총을 갈겨댔어도 큰 피해가 없었다. 적 진지에 수류탄을 퍼붓고는 적의 사격을 피해 몸을 낮추고 가다가 어둠 속에서 적의 시체에 걸려 넘어졌다. 손을 더듬어 따발총이 만져지기에 이를 집어 들고 미리 약속했던 제2집결지로 이동했다. 하지만 기다려도 아무도 오지 않아 할 수 없이 제3집결지인 아군 전초기지로 움직였다. 명색이 선임하사라는 사람이 제일 먼저 도망 왔다는 생각에 부끄러움이 밀려올 때 소대장의 보고 소리가 들렸다. "현재 문 하사와 양 일병만 안 왔습니다." 하는 소리에, "여기 왔습니다." 했더니 전화 보고를 하다 말고 달려와 부둥켜안고 기뻐했다. 그리고는 서둘러 보고를 이어갔다. "문 하사가 따발총도 하나 가져왔습니다." 결국 소대장 포함 6명이 휴가 명령을 받았다고 한다.[30]

이렇게 치열하게 생명을 걸고 고지를 넘나드는 전투 속에서 과연 영화『고지전』에서처럼 남과 북의 병사들이 그런 식으로 소통이 가능했을까? 6,70년대는 물론이고 80년대까지만 해도 남과 북의 초소가 방송을 통해 상대 초소원의 이름을 부르는 심리전 방송을 했다는 얘기를 들은 적이 있다. 그래서 일부러 가명을 단 명찰을 달고 근무에 나섰다는 소초장의 무용담을 들은 적도 있고, 제대하는 병사가 "나 아무갠데 내일 제대한다. 잘들 있어라."하며 복무기간이 긴 북한군 병사들을 놀리는 방송을 했다는 얘기도 들었다. 하지만 영화에 나오는 것처럼 음식을 교환하고 편지를 부탁하는 식의 소통이 있었다는 기록은 없다. 그런 식의 소통이 있었다는 증언도 찾을 수 없었다.

사실 영화『고지전』에서는 앞서 얘기한 프레젠티즘에 의한 묘사가 적지 않다. 과거를 현재의 관점에서 투영하다 보니 자유진영과 공산진영의 양자 대결에서 존재하지 않던 변수들이 등장한다. 바로 친일논란이다. 영화『암살』(2015)과『밀정』(2016)에서 의열단을 조직해 일본에 대한 요인 암살과 폭파 공작 등을 지휘했던 김원봉은 6.25 전쟁에서 북한군 군량 조달의 총책임자였다. 반면에 간도특설대 요원이었던 백선엽은 6.25 전쟁에서 낙동강까지 밀렸던 국군을 이끌고 38선을 넘어 평양까지 점령한 전쟁영웅이었다. 외세는 모두 나가고 우리 민족의 문제는 우리가 해결하겠다고 주장하는 건 오늘날 진보진영의 논리일지 모르겠지만, 19세기 말 대원군 쇄국정책의 핵심골자였다. 당시 김옥균은 조선의 국력과 국제환경을 고려하면 외세의 도움을 받지 않을 수 없다고 주장한다. 오늘날 보수 세력의 주장과 일맥상통하는 점이 있다.

이렇듯 역사 속 사실(事實)에 대한 판단은 관점에 따라 달라지니, 사실(事實)은 그대로지만 사실(史實), 즉 역사적 실제는 시대에 따라 바

띈다. 영화에서는 통념적 지식과 관점에 대한 도전이 끝없이 이뤄진다. 이 도전을 통해 영화는 시대적 관점의 변화를 선도하는 역할을 한다. 과거사를 허위와 가식이라는 관점에서 패러디하고 희극적으로 묘사한다든지 전통에 대한 무의식적 존중을 거부하고 통념적 지식을 부정해 역사를 반역사적으로 묘사하는 방식은 영화『고지전』에서 어렵지 않게 찾아볼 수 있다. 이 과정에서 6.25 전쟁에 대한 이념적 정체성은 더 이상 고정적인 것이 아니고 유동적인 것으로 와해되는 현상마저도 일어난다.[31]

영화『고지전』도입부분에서 국군 포로들을 놔주던 북한군 장교 현정윤이 "국군은 싸우는 이유를 모르기 때문에 지는 것"이라며 포로들에게 으스대는 장면을 기억할 것이다. "하나만 물어보자, 그때 우리는 싸우는 이유를 모른다고 했는데 도대체 그게 뭐냐?" "그땐 분명히 알았뎄는데 지금은 뭔디 이더버렸어." 주인공 강은표 중위와 북한군 장교 현정윤이 나누는 마지막 대화, 무엇이 옳고 그름인지 판단할 수 없다는 엔딩이 의미심장하다.

휴전이 되면서 노리고지와 베티고지, BAK고지는 아군의 피와 땀을 머금은 채 군사분계선 북쪽 비무장지대 안에 위치하게 됐다. 한 가지 부정할 수 없는 사실(事實)은 그곳에도 우리 국군의 유해가 묻혀 계시다는 것이다. 하루빨리 남북한 공동유해발굴이 시작돼 그곳에 묻힌 우리 전사자들을 모셔 와야 하는데, 남과 북의 관계는 풀릴 기미가 보이지 않아 답답하다. 사실(史實), 다시 말해 역사적 진실이 결코 사실(事實), 즉 실제적 진실을 가리거나 바꿀 수는 없다.

전쟁이 끝난 뒤

전쟁포로 이야기

강형철 감독의 영화 『스윙키즈』(2018)는 뮤지컬 『로기수』를 영화로 각색한 작품으로 1951년 거제 포로수용소를 배경으로 한다. 골수

북한군 포로들 (National Archive #127-GR-29-205-A157104)

중공군 포로들 (National Archive #127-GR-29-205-A4501)

공산분자 포로인 로기수(도경수 분)가 탭댄서로 활약하던 미군 부사관 잭슨 중사(자레드 그라임스 분)를 만나 마음의 문을 열고, 통역사 양판래(박혜수 분), 민간인으로 수용소에 들어오게 된 강병삼(오정세 분), 중국군 포로 샤오팡(김민호 분) 등과 함께 이념을 초월한 탭댄스 팀 스윙키즈를 구성한다는 이야기다. 영화의 클라이맥스인 공연 날, 공산당 포로들이 수용소장을 암살하려다 미수하는 사건이 일어나고 부상당한 수용소장의 명령에 따라 모두 사살된다는 줄거리다.

전투 장면도 없고 허구의 이야기, 즉 픽션인 영화를 소개하는 이유는 반공포로 석방이 던져주는 정치적 의미 때문이다. 영화는 14만 명에 달하는 북한군과 중공군 포로들이 거제수용소에 수용됐다는 사실과 북한군 포로들이 친공과 반공 포로로 나뉘어 살육전을 벌여 통제 불능 상태에 이르자 무력 진압을 하여 사상자가 발생하고, 그에 따른 국제적 비난을 의식한 미국이 수용소장을 교체한다는 이야기로 시작

북한군 포로들 (National Archive #127-GR-29-205-A157802)

된다.

　실제 거제 포로수용소 반란사건은 1952년 2월에서 6월까지 진행됐다. 수용소에서 전쟁이 끝난 후 북한에 돌아가고 싶어하지 않는 포로들을 선별하려고 하자 친공 포로들이 이를 완강히 거부했는데, 이 일이 발단이 됐다. 특히 62동 6,500명 포로들에 대한 선별작업을 위해 미 제27연대 제3대대 병력이 진입하려 하자 1,000명~1,500명의 친공 포로들이 죽창과 도끼, 못 등으로 완강히 막아섰다. 충격 수류탄으로도 해산되지 않자 결국 발포, 55명의 포로가 그 자리에서 숨지고 22명은 병원에서 치료를 받던 중 사망했다. 부상자는 140명이었으며, 미군도 1명이 사망하고 38명이 부상당했다. 3월 13일 친공 포로와 반공 포로의 충돌 과정에서 국군이 발포, 친공 포로 12명이 사망하고 26명이 부상당했으며, 한국 민간인 1명과 미군 장교 1명이 부상당하는 사건이 발생하기도 했다.

미 해병대 창설기념 케이크를 공급받는 포로들 (National Archive #127-GR-29-205-A158398)

    5월 7일에는 수용소장인 도드(Francis Dodd) 준장이 78시간 동안 친공 포로들에게 억류되는 사건이 발생했다. 포로들의 불만을 청취하기 위해 수용소 안으로 들어갔다가 일어난 일인데, 포로들은 도드 소장의 위장약까지 챙겨주는 등 잘 대해줬다고 한다. 특히 이 과정에서 앞서 언급된 이학구 총좌가 공산군 포로 중 최선임자로 중개 역할을 수행했다고 한다. 유혈사태의 책임이 유엔군 측에 있다는 포로들의 주장을 인정한 뒤 열흘이 되어서야 풀려난 도드 준장은 2주 뒤인 5월 23일, 대령으로 강등됐고 이듬해 강제 전역된다.

    1953년 6월 18일, 이승만 대통령이 원용덕 헌병사령관에게 북한 송환을 거부하는 포로들의 석방을 지시함으로써 그 유명한 '반공포로 석방사건'이 발생한다. 휴전협정 내내 유엔군 측의 자발적 송환 원칙과 공산 측의 강제적 송환 원칙이 첨예하게 대립했었다. 포로가 자유의지로 돌아갈 곳을 선택할 수 있다는 원칙과 무조건 소속 국가로 돌

판문점을 통해 송환되는 북한군 포로. 이들이 벗어던진 옷가지가 길가에 놓여 있다. (Larsen 촬영, 1953년 8월 12일, National Archive #080-G-626977)

아가야 한다는 원칙이 맞선 것이다. 6월 18일 오전 2시 10분, 우리 헌병들의 '방조' 하에 35,400명으로 파악된 반공 포로 중 논산과 마산, 부산과 상무대 등 4개 포로수용소에 있던 27,388명의 포로가 석방됐고, 이 과정에서 61명이 사망하고 116명이 부상당했다고 한다. 부평 수용소에서는 400명의 포로가 탈출하다 30명이 사망했다고 한다.[1]

픽션이기는 하지만, 영화 말미에 전투 지역도 아닌 후방에서 한국인을 포함한 비무장 민간인에 대한 사살은 전쟁 범죄일 뿐 아니라 살인 중에서도 1급 살인행위를 묘사한 것이어서 다소 과도한 설정이 아닐 수 없다. 또한 수용소장이 동양인의 피부색을 언급하는 장면에서도 반미적 성향이 다분히 드러나 스위스 종군기자였던 베르너 비숍

석방된 반공포로의 환호 (National Archive #306-PS-54-1497)

(Werner Bischof)의 사진에 나타난 당시 모습을 담으려고 한 노력을 반감시킨다. 영화에서 어린 북한군 포로가 나오는데, 12세의 북한군 포로가 수용소에서 찍은 사진이 남아있다.

한편 휴전 당시 북한이 남한에 송환한 국군 포로는 8,343명에 불과해 수많은 우리 군이 북녘땅에 발이 묶이게 됐다. 휴전 당시 우리가 북에 송환한 포로는 북한군 76,119명과 중공군 7,139명 등 모두 83,258명인데 반해 북한은 유엔군 5,126명을 포함해 모두 13,469명의 포로만 남으로 돌려보낸 것이다.[2] 유엔군이 추산한 국군 포로 및 실종자는 82,000명에 달하는 것으로 추정된다. 북에 억류된 이들은 불발탄 처리, 탄광과 벌목 등 노동을 강요받으며 힘든 삶을 이어갔다고 한다.[3] 휴전 당시 20세였다고 해도 지금은 벌써 90세가 넘었을텐데 정부차원의 국군포로 송환노력은 이젠 포기해야 하는 것인가.

2부
6.25 전쟁, 그 이후

이국(異國)에서 만난 기억
당신들을 잊지 않겠습니다
두 '철우'의 공조
작전명 '아덴만의 여명'

이국(異國)에서 만난 기억

베트남전쟁. 우리에게는 월남전이라는 이름으로 더 익숙한, 분단된 남과 북의 베트남, 즉 베트남 공화국과 베트남 민주공화국 사이에서 벌어진 내전이다. 동시에 냉전시대에 자유주의 진영과 공산주의 진영의 대리전이자 국제전이기도 했다. 대한민국은 1964년 9월 11일부터 1973년 3월까지 연 35만 명에 육박하는 병력을 베트남에 파견해 5만 5천여 명 수준의 주둔 규모를 유지했다. 1차로 1964년 9월 11일, 제1이동외과병원 1개 의무중대 130명과 태권도 교관 10명 등 140명이 해군 상륙함 편으로 출항, 열하루를 항해하여 6월 22일 사이공에 도착했다. 미국과 남베트남 정부의 추가파병 요청을 받자 2차로 후방 지원과 건설 지원 임무를 수행하기 위해 비둘기부대 2천 명이 1965년 3월 10일 인천항을 출발해 16일 사이공에 도착했다. 베트남전의 지상전투가 격화되자 다시 전투병 파병요청이 왔고, 주한미군 2개 사단의 베트남 이동 가능성도 논의되고 있었다. 수도사단과 해병 제2여단의 파병 환송식이 여의도 광장에서 10월 12일 개최됐고, 곧이어 베트남으로 향했다. 이들의 맹활약은 1966년 맹호부대 수도기

월남에 도착한 국군 백마부대 제9사단 병력 5,500명 (Naval History and Heritage Command, NH 66-3171)

계화사단 제26연대와 백마부대 제9사단의 추가 파병으로 이어졌다.

여기서 영화『국제시장』이야기를 해보자. 어려운 경제를 살리기 위해 박정희 정부는 동분서주한 끝에 서독(독일 통일 이전 자유국가는 서독, 공산국가는 동독이라고 함)의 도움을 받기로 한다. 그러나 국제정치에 공짜는 결코 없다. 우리는 서독에 부족한 광부 인력과 간호 인력을 '수출'해 외화를 벌어들이게 된다. 어려운 광부 생활 중에 영화 속의 주인공 덕수는 평생 배필 오영자(김윤진 분)를 만나기도 하지만, 또 깊은 갱도에 내려가 목숨을 건 사투를 벌인 끝에 사고를 당하

월남 튀호아(Tuy Hoa) 지역에서 박격포를 거치하고 방어진지를 구축 중인 해병대 청룡부대 병력 (1966년 2월 2일, National Archive #111-CCV-534-CC33521)

기도 한다. 간호사들은 임종을 앞둔 환자들의 시신을 수습하는 작업에 투입되며 어려움을 겪는다. 영화에서 덕수는 그럭저럭 외국물을 먹고 돈도 벌어서 온다.

한국으로 돌아온 덕수는 자신의 꿈을 일구는 삶을 살지 못하고 가족을 위해 또다시 외화벌이를 하러 나선다. 이번에는 결혼하는 여동생의 혼수 비용을 마련하기 위해 베트남으로 떠난다. 군인으로 갈 나이는 지났고 군납업자로 가는 것인데, 그곳에서 한쪽 다리를 다쳐 평생을 절뚝이며 살아야 하는 처지가 된다. 숲속에서 베트콩을 만나 죽을 고비를 맞지만 우리 해병대가 근처를 지나다 이들을 구출한다. 뒤이어 들리는 구수한 전라도 사투리. 달수 일행을 구해준 해병대원이 바로 당시 유행하던 '가슴 아프게'를 부른 대스타 가수임을 한눈에 알아본 달수 친구 천달구(오달수 분)는 으쓱해 하는 가수 출신 해병대원과 신곡 얘기를 주고받고 사인도 부탁하며 너스레를 떤다. 그러던 중 한 무리의 베트남 사람들이 도움을 청한다. 마을에 남아 있으면 베트콩에게 죽임을 당할 것이 뻔하니 살려달라고 애원한다. 이를 거절하지 못한 덕수는 피 같은 전쟁 물자를 버리고 베트남 사람들을 배에 태운다. 마치 흥남부두에서 피난민들을 태운 미군들처럼.

곧이어 AK-47소총을 쏘며 마을로 진입한 베트콩을 피해 강변에서 철수하던 덕수는 여동생을 놓쳐 울던 남자아이를 보고 그냥 지나칠 수 없다. 흥남부두에서 여동생 손을 놓쳤던 아픈 기억이 있는 달수는 강물에 뛰어들어 여자아이를 건져 배에 태우다 다리에 총상을 입고 물에 빠진다. 배는 떠나버리고 그렇게 목숨을 잃을 수도 있던 상황. 물에 빠져 가라앉던 그를 구수한 전라도 사투리의 그 해병이 구해준다. "괜찮소?" 대한민국 해병 청룡부대 김남진 해병. 이미 유명세를 타던 가수 남진 해병은 귀국 후 '님과 함께'를 히트시키며 오늘날까지 레전드 트로트 가수로 활약 중이다. 그러니 덕수 일행이 영화에서 만난 부대는 대한민국 해병대 제2여단 제2대대 제5중대 제2소대이다.

이렇듯 흥남부두에서 어린 여동생을 잃어버렸던 어린 시절의 기억이 덕수에게는 평생 아픔이었고 트라우마로 남았던 거다. 행방조차 몰랐던 여동생은 미국으로 입양돼 어설픈 한국말로 이산가족 찾기에 나섰고, 극적으로 오빠와 만나게 된다. 이 장면을 보면서 눈물 흘리지 않은 사람은 한국 사람이 아니다. 1980년대 초반 여의도 KBS 광장 앞에서 진행됐던 이산가족 찾기. 볼 때마다 눈물 닦느라 화장지가 한 통씩 필요했다던 그 프로그램은 요즘 학생들도 보여주면 눈물을 흘린다. 전쟁이 끝난 지 70년이 넘었지만, 아직도 우리 사회에는 남과 북이 나뉘어 서로에게 총부리를 겨눴던 잔인한 전쟁이 남긴 아픈 상처들이 그대로 남아있다.

1969년 1월 취임한 닉슨 대통령은 '베트남 전쟁은 베트남 사람들에게'라는 구호를 내걸고 베트남 철군을 공식화한다. 그해 7월부터 미군의 철수가 개시되었고, 1972년 초에는 100명 수준의 병력만 잔류하게 된다. 우리도 1971년 12월 해병 제2여단 등 9,476명이 철수했다. 그러나 우리는 1973년 베트남 휴전이 될 때까지 보병 2개 사단 3만7천 명의 병력이 여전히 베트남에 주둔하고 있었다. 미국보다도 훨씬 많은 병력을 유지하고 있었던 것이다. 1971년에 전체 외국군 중 21.7%를 차지하던 우리 베트남 파병 병력은 1972년에는 60.5%에 달했다.

9년 동안 우리 군의 전사자는 4,663명. 특히 미군 해병대가 철수한 이후 단독작전을 수행하던 해병대의 피해 규모가 컸다. 결국 우리 군 병력은 1973년 3월 23일 철수한다. 미국은 태국에 미군 실종자 수색센터(JCRC, Joint Casualty Resolution Center)를 두고 실종자 수색에 나섰다. 1973년 1월에 만들어진 이 기구는 종전 후 태국의 나콘파놈 공군기지로 옮겨져 활동을 이어갔다. 이따금 베트남전에서 포로가 된 우리 국군이 북한의 심리방송에 등장하는 경우가 있었다. 월맹군이 이들을 북한에 넘긴 것이다. 또 우리 건설 기술자 두 분은 1968년 포로가 된 뒤 수용소에서 사망, 한국인 사망자로 분류되어 있다가 미국과 베트남 정부 간 유해 협상 과정에서 신원이 파악된 1981년에서야 고국으로 돌아올 수 있었다. 1967년 헬기 작전 도중 실종된 분도 미군 유해발굴단이 찾아내 2002년 대전현충원에 안장됐다고 한다.[1]

"당신은 잊히지 않습니다!(You Will Not Be Forgotten.)" 우리도 유해 발굴에 적극적으로 나서면서 많은 호국영령들이 가족의 품으로 돌아왔지만 여전히 훨씬 많은 분들이 우리의 손길을 기다리고 계신다. 북녘땅에서, 또 베트남에서. 우리가 이 문장 앞에 떳떳이 서려면 아직도 가야할 길이 멀다. 이제 처음 몇 발을 내디뎠을 뿐이다.

당신들을 잊지 않겠습니다

1953년 7월 27일, 정전협정 직후 남북 간에는 경계선이 설정되었다. '휴전선'이라는 이름으로 익숙한 이 경계선의 정식 명칭은 '군사분계선(MDL, Military Demarcation Line)'이다. 그렇다면 해상에 있는 경계선은 무엇일까? 그게 바로 '북방한계선(NLL, Nothern Limit Line)'이다. 정전협정 체결 당시 유엔군과 북한군은 한반도 육지에 대한 군사분계선 설정에만 합의했을 뿐, 해역 경계에 관해서는 명시적인 합의가 없었다. 이는 바다에서 남·북 함정 간에 우발적인 무력 충돌의 가능성을 의미하는 것이었다.[1] 이를 방지하기 위해서 1953년 8월 30일, 당시 유엔군 사령관 클라크(Mark W. Clark) 장군은 한반도 해역 동서 해상에 북방한계선, 즉 NLL을 설정하고 북한에 선포했다. 그러나 북한 측은 이것이 유엔군 측의 일방적인 조치라고 하면서 효력을 부인하고 있다.

휴전협정 당시 해군 전력이 월등히 우세했던 유엔군 측은 평안도 앞의 섬까지 다 점령하고 있었다. 그러나 북방한계선이 설정되면서 이들 섬을 북한에 다 내어주고 우리는 백령도까지만 점유하게 되었다. 그 당시에는 많은 섬을 확보할 수 있었기에 잠자코 있던 북한은 1970년대부터 이 선을 넘나들기 시작하며 북방한계선 무력화를 시도한다. 특히 서해의 북방한계선은 중요한 군사적 요충지인 서해 5도를 포함하고 있어서 우리 대한민국 해병대가 주둔하여 국토의 최전선에서 조국을 수호하고 있다. 1990년대부터 북한의 북방한계선에 대한 무력화 시도는 더욱 노골화됐으며, 북한 경비정이 월선해 남하하는 사례가 많았다.

이런 경우 우리 해군의 교전수칙은 "경고방송 → 시위기동 → 차단기동 → 경고사격 → 조준사격"의 5단계로 되어 있었다. 우선 북방한계선 부근에 북한 함정이 나타나면, 교전수칙에 의해 우리도 대응 출동한다. 북한 함정이 북방한계선 가까이 오지 않고 오려는 행동도 보이지 않을 경우, 해당 해역에 기동해 경계 태세에 들어간다. 그러나 북한 함정이 북방한계선을 넘으려는 명백한 움직임을 보이거나 넘기 시작할 경우에는 경고방송을 한다. 대한민국 영해로 들어왔으니 조속히 돌아가라는 내용이다. 그래도 방향을 바꾸지 않으면 시위기동을 하고 충돌로 밀어내는 차단기동을 실시한다. 그래도 돌아가지 않으면 경고사격 이후 조준 격파사격을 실시하는 것이다.

1999년은 김대중 정부가 햇볕정책을 추진하던 때였고, 금강산 관광을 위한 협상도 시작되었다. 그러나 북한의 도발이 멈춘 것은 아니었다. 1998년 6월, 동해 북방한계선 남쪽에서 북한 잠수정이 어선의 그물에 걸려 발각됐고, 그 안에는 9명의 승조원이 죽은 채 발견되었다. 이들의 시신은 판문점을 통해 송환됐다. 7월에는 동해시 부근 해안에서 무장간첩 시신이 침투용 장비와 함께 발견됐지만, 김대중 정부는 햇볕정책과 잠수정을 분리한다는 입장을 밝히며, 협상을 계속했다. 그 결과 1998년 11월에 금강산 관광이 시작됐다. 12월에도 여수 앞바다에 반잠수정이 침투하던 중 우리 군에 격침되었다.

　1999년 6월 15일 서해 NLL부근. 꽃게를 좋아하는 사람들은 다 알지만, 게장 전문점들은 이때 꽃게를 대량 주문한 후 냉동 보관해서 일 년을 사용한다. 꽃게 성수기인 만큼 남북한의 어선들이 모여서 꽃게잡이가 한참이다. 더 많이 잡으려고 일부러 내려온다는 얘기도 있고 꽃게를 따라 어쩌다 내려오는 거라는 얘기도 있지만, 거의 매년 북한 어선들이 북방한계선을 넘어와 조업을 했다고 한다.

　제1차 연평해전은 충돌로 시작됐다. 조업 중인 비무장 어선에 대해서는 경고방송을 해서 북한으로 돌려보내지만, 북한 경비정이 함께 내려오면 상황이 달라진다. 1999년 여름에도 꽃게 철이 시작되면서 6월 6일부터 북한 경비정과 어선이 NLL을 들락거렸다. 북한 경비정이 북방한계선을 넘어오기 시작한 지 9일째 되는 6월 15일, 북한 경비정 4척이 어선 20척과 함께 북방한계선 남방 2km 지점까지 내려와 몇 시간째 머물고 있었다. 우리 해군은 고속정과 초계함 10여 척을 동원해 경고 방송을 실시했다. 오전 8시 45분, 북한 경비정이 우리 함정에 충돌 공격을 가해왔다. 9시 7분, 우리 함정들은 1차 밀어내기를 실행했고, 9시 20분에는 2차 밀어내기를 실행했다. 이 과정에서 우리 선박이 선체가 약한 북한 고속정에 올라타는 등 의외의 사태가 벌어지기도 했다. 함교에 이미 북한군 시체가 보였다고 한다. 9시 28분, 북한 경비정 684호가 25mm 기관포 사격을 개시했고 주변 어뢰정 3척도 함께 사격을 가해왔다. 우리 해군 고속정과 초계함이 즉각 반격에 나서 684호가 반파된 채 퇴각했다. 어뢰정 1정은 침몰하고 3척이 파손됐다. 14분 만에 일어난 일이다. 우리 측은 최초 공격을 받은 참수리급 고속정 안지영 대위를 비롯한 7명의 장병이 부상을 입고 후송됐다. 반면에 북한군은 130여명의 사상자가 발생한 것으로 알려졌다.[2]

제1차 연평해전은 단 14분 만에 일어난 일로 북한 군부가 가히 충격에 빠질 만한 사건이었다. 남과 북의 경제 격차만큼이나 전투력의 격차도 벌어져 있다는 사실을 확인했으니 말이다. 현대전은 장비전이라고 할 만큼 무기의 현대화, 선진화가 중요하다는 사실과 그만큼 낙후된 현실을 받아들이기 힘들었을 것이다. 그래서 노심초사 준비한 것이 제2차 연평해전이었다.

김학순 감독의 영화 『연평해전』(2015)에서는 북한군이 사전에 치밀하게 선제공격을 준비하는 장면이 그려진다. 정면승부로는 도저히 이길 수 없다는 사실을 알고 등산곶호 이대준 소좌(박정학 분)가 북한 어민으로 변장해 우리 고속정 357호를 염탐하는 장면도 묘사된다. 등산곶호에는 탱크 포신이 장착돼 있어 부족한 화력을 메우려는 북한의 미봉책을 그대로 보여주고 있다.

제2 연평해전은 월드컵 열기가 한창이던 2002년 6월 29일 오전 10시경, 북한 경비정 등산곶 684호의 선제 기습 조준 포격으로 시작되었다. 이날은 대한민국과 터키의 월드컵 3, 4위전이 열리기로 예정되어 있었다. 해군 교전수칙에 따라 북한 등산곶 684호에 대해 시위기동으로 접근하던 우리 고속정 357호의 함교를 정조준해서 북한 경비정 등산곶 684호가 포격을 가한 것이다. 이후 30분간의 교전 끝에 윤영하 정장을 포함, 6명의 우리 해군 장병이 안타깝게 전사하고 19명이 부상을 당했다. 우리 해군 고속정 357호는 예인 도중 함정에 발생한 파공을 막지 못해 침몰했다. 북한군 경비정 등산곶 684호는 반파

제2연평해전의 참수리 357호정 (해군 제2함대 전시중, 대한민국 정책브리핑, 사진 해군제공)

되어 화염에 싸인 채 다른 함정에 예인되어 북으로 도주했고, 북한군 13명이 전사하고 25명이 부상당했다.[3]

영화 『연평해전』은 2002 한·일 월드컵 3, 4위전이 열리는 경기장 위로 해군 헬기들이 부상자들을 이송하는 장면으로 시작한다. 이 영화는 단순히 흥행을 목적으로 하는 일반적인 영화들과는 다른 의미를 지닌다. 영화 제작을 위해서 세 차례에 걸친 크라우드 펀딩이 있었는데, 돼지 저금통을 기부한 농부부터 아들을 군대에 보낸 어머니, 중·고등학생까지 모두 6만여 명이 참여했다. "지켜줘서 고맙습니다. 당신들을 잊지 않겠습니다." 대한민국 국민이라면 누구나 알고 있는 이 두 문장의 의미를 함께 나누며 한 마음으로 영화 제작에 힘을 보탠 것이다.

숨 가쁜 장면으로 시작된 영화는 평화로운 평택항으로 옮겨진다. 천안함에서 의무병 박동혁 상병(이현우 분)이 전입해 온다. 온통 월드컵 중계로 떠들썩하던 그해 6월, 축구 중계를 보던 장병들은 새로 정장으로 부임한 정장 윤영하 대위에 의해 기동 출동 훈련에 돌입한다. 아내가 아파 잠시 자리를 비운 조타장 한상국 하사에게도 원칙대로 평가에 반영하겠다는 윤 대위. 지휘관 회의에서 윤 대위는 기동 차단 시 적군의 기습공격에 취약해진다며 교전수칙에 문제를 제기하지만, 교전수칙은 일선에서 바꿀 수 있는 게 아니라는 답을 듣는다. 선상에서 라면을 끓여 먹다 정장에게 적발된 일행은 여지없이 얼차려 기합을 받는다. 2015년에 영화를 만든 제작진이 아직도 옛날 군대 생활만 아는지, 수병이 개인서신을, 그것도 상병의 서신을 빼앗아 보는 가혹행위를 한다든지 애인이 오면 외박을 주는 장면들은 생소하기까지 하다.

우리 해역에서 조업 중이던 북한 어민을 나포하지만 상부에서는 풀어주라는 지시가 내려온다. 딱 봐도 어부가 아닌 듯이 보인다며 풀어줘서는 안 된다는 한상국 하사의 말에 윤영하 정장도 내심 동의하지만 어쩔 수 없다. 이들은 바로 등산곶 684호 이대준 소좌 일행으로 우리 고속정 357호를 위장 정찰 나온 것이었다. 월드컵 기간 동안 북한과 무력충돌을 피하려는 김대중 정부의 입장이 드러나는 대목이다. 터키와의 월드컵 경기 도중 안정환 선수의 역전골이 터지자 남한이 온통 흥분의 도가니로 뒤덮일 때, 북한에서는 이대준 소좌에게 특명이 하달된다. 동기생인 최윤정 대위(이청아 분)는 윤 대위에게 '독쟁이'란 별명을 전해주며 부하들에게 살갑게 대해주라고 조언한다.

그러다 실제 기동 상황이 발생하고 전전거리 300야드까지 접근하자 조타장 한상국 하사의 손이 떨리기 시작한다. 등산곶호는 의도적으로 충돌 기동을 해오고 피하는 과정에서 김태중 일병(김동범 분)이 물에 빠지지만 한상국 하사가 건져 인공호흡으로 회복시킨다. 그렇지만 한상국 하사는 손떨림이 계속되어 육상근무로 발령 난다. 등장인물들 간의 갈등 관계가 드러나는 가운데 한상국 하사와 박상혁 상병의 형제 같은 전우애가 부각되기도 한다. 북한의 특이 동향이 감청되는 상황에서 주인공들의 갈등 고리가 하나 둘 풀어지기 시작한다.

월드컵 결승 진출이 무산된 가운데 서해상의 긴장은 고조되고 윤영하 정장은 등산곶 이대준 소좌의 얼굴을 쌍안경으로 확인하고 김혁 소령(이철민 분)에게 보고한다. 확실히 뭔가가 진행된다는 건 상부에서나 일선에서나 다 감지하는 상황. 관사를 얻으려고 결혼식보다 혼인신고를 먼저 한 한상국 하사의 부인 지선(천민희 분)은 아기를 갖게 된다. 모두가 3, 4위전에 들떠 있을 때 전투 배치명령이 하달된다. 등산곶 648호가 다가오지만, 선제공격은 불가하다는 지시가 반복해서 내려온다.

적의 선제기습 포격에 함교가 타격을 받고 윤영하 정장도 부상당한다. 등산곶 648호에서는 기관포 사격이 계속되는 가운데 윤 대위의 동기생 최 대위가 지휘하는 358호가 피격을 감지, 357호에 합류하기 위해 키를 틀지만, 타점을 잡기가 쉽지 않은 상황이었다. 부장 이중위

연평해전 전적비 (대한민국 해군 해군콘텐츠 역사관)

(이완 분)가 종아리를 잃은 상황에서 정장도 적탄을 맞는다. "나는 괜찮으니깐 부장부터 챙겨." 조타실에선 한상국 하사가 많은 출혈에도 불구하고 키를 놓지 않는다. 쏟아지는 적탄 속에서도 등산곶에 일격을 가해 적 함장 이대준도 사살한다. 드디어 358호를 비롯한 인근 함정에서 불을 뿜는다. 조타실이 화염에 싸여 접근이 어려운 가운데 결국 357호는 가라앉고 만다. 한상국 하사를 찾기 위한 수색작업이 개시되고, 똑바로 선 채 좌초된 357호 선내에 진입, 한 하사를 발견하고 오열하는 구조대원. 그는 끝까지 키를 쥔 채 숨져 있었다. 한없는 분노와 슬픔 속에 전사한 고인들의 생전 모습이 흐르면서 영화는 끝을 맺는다. 마지막 장면에 열거되는 클라우드 펀딩 참여자 한 분 한 분의 이름마저 놓칠 수 없었던 영화 『연평해전』!

연평해전에서 산화한 6명은 지금도 눈을 부릅뜨고 서해 바다를 지

2017 인천해역방어사령부 해상기동훈련 2 (대한민국 해군 사진갤러리)

키고 있다. 우리 해군은 노후된 참수리 고속정 대체사업을 진행하여 제2차 연평해전에서 전사한 6명의 이름을 차기 고속함에 명명했다. 2007년 6월, 차기 고속함 1번 함 윤영하함, 2번 함 한상국함, 3번 함 조천형함, 4번 함 황도현함, 5번 함 서후원함이, 그리고 6번 함 박동혁함이 2010년 진수됐다. 제2차 연평해전 이후 우리 해군의 교전 수칙은 기존의 5단계에서 차단 기동단계를 없애고 '경고방송 → 경고사격 → 조준격파 사격'의 3단계로 축소되었다.

두 '철우'의 공조

 양우석 감독의 영화 『강철비』"Still Rain"(2017)는 북한 내부에서 쿠데타, 즉 급변 사태가 발생하는 설정으로 시작된다. 쿠데타 당시 발사된 다연장로켓(MLRS)은 현장을 초토화한다. 이 다연장로켓은 1991년 이라크 전쟁에서 처음 선보였는데, 축구장 크기를 초토화시키는 자탄이 떨어져 '강철비'라고 불리었다. 지대공 미사일 기지 30여 곳을 파괴했고 200여 대 이상의 장갑차량을 격파했다. 다연장로켓 한 발에는 600여 발의 자탄이 들어있어 이 한 발이 155mm 자주포 대대 18문의 포가 사격하는 것과 같다고 하니 그 위력을 가히 짐작할 만하다. 우리 군은 K-239 천무 다연장로켓 시스템을 운용하고 있다.
 영화는 북한 군부 강경파의 쿠데타로 최고지도자(1호)가 부상당해 그를 보호하려는 북한 특수요원 엄철우(정우성 분)가 1호를 남한으로 피신시키는 장면으로 시작한다. 1호를 데려간 최수현(김지호 분)의 병원에서 그녀의 전남편인 청와대 외교안보수석 비서관실 곽철우 비서관(곽도원 분)과 엄철우가 만나게 돼 영화의 주인공인 두 '철우'가 한반도의 평화를 지켜낸다는 이야기이다. 부상당한 최고지도자 1호를 집요하게 추적하는 북한요원(조우진 분)과 그의 특공요원들이 끊임없이 남파된다. 휴전선을 자기 집 드나들 듯 넘나드는 장면은 여러 영화에서 나오는데, 그래야 영화가 진행되니 넘어가기로 하자. 우리가 007영화 보면서 비자 발급이나 공항 검색 장면을 보려하는 게 아닐 테니 말이다.

영화에서는 주변 경호를 맡은 경비단 용사들의 피해가 극심하게 나온다. 영화 『쉬리』(1999)에서도 경기장 경호를 맡은 우리 군 병력이 무참히 죽어나가자 아들 군대 보내기 겁난다는 어떤 어머니 말을 들은 적이 있다. 병원 내부로 침입한 북한 요원들에 의해 경비단 병력이 무수히 사살되는 장면이 충격적으로 그려지는데, 실제로는 어림도 없는 일이다. 영화에서는 청와대 경호실 신분증만으로 삼엄한 경비가 이뤄지는 정문을 통과하는 것으로 나오는데, 현실에서는 불가능에 가까운 일이다. 만일 경호실에서 경비단 지휘부에 사전 연락을 취해 지휘부에서 정문 통과 지시를 내렸다면 가능한 일이다. 그게 아니라면 경호실 요원이 아니라 경호실장이 와도 초병이 안 된다면 안 된다. 그게 아니라 처음부터 총 쏘고 들어온다고 해도 영화에서처럼 뻥 뚫리는 일은 없을 듯하다.

『강철비』에서 주목해서 봐야 할 부분은 두 철우들 간의 코믹한 연기나 북한 1호의 더부룩하게 솟은 배가 아니다. 2018년 남북정상회담 이후 나온 영화 『강철비2: 정상회담』에 등장한 1호(유연석 분)는 더 이상 거구도 아닐 뿐더러 영어에 유창하고 상황판단이 예리한 지도자로 설정된다. 앞에서도 여러 번 말하지만, 영화는 항상 시대상을 반영한다는 점을 유념해야 한다.

2017년 육군 제8군단 천무 다연장로켓 사격장면 (육군 블로그 사진작가 정승익 촬영, 대한민국 육군 홈페이지, 사진으로 보는 육군)

    1998년 미국 브루킹스 연구소의 마이클 오한론 박사(Michael O'Hanlon)는 하버드 대학교에서 발간하는 외교안보 전문지 International Security(국제안보)라는 저널에 북한의 침략을 가정한 논문을 발표하는데, 이 논문에서는 북한이 남한을 공격해도 성공하지 못할 것으로 결론 내리고 있다.[1]

    우선 북한군이 무수히 쏟아질 공습과 포격 속에서 견고하게 구축된 남한의 방어선을 뚫고 진군할 수 있는 정도가 기껏해야 하루에 4~5km밖에 되지 못할 것으로 예상했다. 현대전에서는 1개 사단이 방어할 수 있는 전선을 보통 20km 정도로 설정하는데, 당시 우리 군은 1개 사단이 10km를 담당하는 등 밀집 방어 형태를 취하고 있다는 것이다.

오한론 박사는 특히 남·북한의 기갑 전력의 차이를 1960년대의 T-62 탱크와 당시 최첨단의 K-1 탱크를 대비해 설명한다. 또한 정찰위성과 정찰기(RC-7B), 합동 이동표적 감시통제기(JSTARS) 등 조기경보체제와 정찰에서의 압도적 우위도 그 이유로 제시하고 있다. 경제난 가중으로 훈련과 부품 조달에 문제가 있던 북한군은 만약 개전된다면, 하루에 5%씩 전력을 상실할 것으로 예상되어 20일이면 전쟁이 끝날 것으로 내다보고 있었다.

1990년대 후반만 해도 이러했던 시나리오가 그 후 20년 가까이 지난 다음 제작된 『강철비』에서는 전혀 다른 양상으로 제시되고 있다. 우선 주목해 봐야 할 부분은 북한 핵의 위험이다. 북한의 핵무기를 생각하면 늘 일본의 나가사키와 히로시마에 투하된 원폭 피해가 연상작용으로 따라온다.

그러나 북한 핵무기는 그와 비교도 되지 않을 만큼 커다란 파괴력을 가지고 있다. 바로 전자기파(EMP, Electronic Magnetic Pulse) 때문이다. 그래서 더더욱 두렵다. 사실 민간인 대량 살상용으로 핵무기를 사용하는 시대는 이미 지나갔다. 2010년 연평도 포격 사건 당시 민간인 사망에 대해 유감을 표시한 바 있는 북한이 핵무기를 이런 용도로 사용할지는 미지수다. 만일 사용한다면 스스로 무덤을 파는 일이라는 것쯤은 알 만큼 북한 지도부도 합리성을 갖추고 있을 것이란

게 일반적인 관측이다. 물론 전쟁이 항상 합리성에 기초해서 일어나지는 않지만 말이다.

하지만 영화에서 나온 것처럼 핵미사일로 전자파장을 일으켜 방어막을 구성한다든지 우리 공격무기를 무력화시키기 위해 핵폭발의 파장을 사용할 가능성은 무시할 수 없다. 전자기파(EMP)는 핵폭탄을 수 km 상공에서 폭발시켜 일으키는 일종의 감마선으로 전자기기에 과전류를 일으켜 작동을 무력화시킨다.

일단 전기가 끊어지니 당연히 와이파이나 기가급 통신망도 끊겨 핸드폰부터 먹통이 된다. 전화, 인터넷, TV, 라디오 등도 이용할 수 없게 된다. LPG 가스통을 갖고 있지 않는 한 조리기구도 사용할 수 없으니 물을 끓이거나 음식을 만들 수도 없다. 수많은 전자장비로 운영되는 자동차도 모두 멈추게 돼 피난도 갈 수 없다.

더구나 전자장비로 제어되는 상하수도가 마비돼 샤워도 할 수 없고, 대소변을 수세식으로 처리할 수도 없다. 사람들은 며칠이나 버틸 수 있을까? 이보다 심각한 것은 군 무기체계의 작동이 전면 중단된다는 것이다. 영화 『강철비』만큼 북한 핵의 위력을 현장감 있게 전달해주는 경우는 드물 것이다.

영화 후반부에는 북한 특수요원 엄철우가 북으로 향한 땅굴로 가기 위해 들어갔던 교회 건물에서 북한의 핵탄두가 남한에 전달되는 장면이 나온다. 여기서 보여지는 핵탄두의 모습은 피트니스 클럽에서 사용하는 짐볼과 같은 크기의 은색 구형 물체이다.

이것은 북한이 2016년 3월 공개한 핵탄두 사진에 나온 것과 정확히 일치한다. 이때만 해도 북한의 핵 개발 능력이 핵탄두 소형화에는 미치지 못했기 때문에 미 본토를 위협할 만한 능력을 갖추지 못했다는 의견이 지배적이었다.

그러나 이 사진은 미국의 핵 전문가들을 경악하게 했다. 너무나도 정확하게 소형 핵탄두의 모든 것을 보여주고 있었기 때문이다. 이후 오바마 행정부가 이제는 북한의 핵을 더 이상 방관할 수 없다는 결론에 도달한 것으로 보인다. 다음 해 2월, 뉴욕타임스는 이 사진을 집중 조명하며 북한 핵의 위험을 면밀히 분석한 바 있다.[2]

최고지도자의 급변사태는 단지 북한뿐 아니라 전체주의 국가에서 항상 염두에 둬야 할 주제이기도 하다. 2011년 김 왕가의 3대 권력승계가 진행되면서 또다시 북한 내 급변사태에 대한 논의가 활발히 이뤄졌다. 하지만 김정은, 김여정 남매는 2018년 미국 트럼프 대통령과의 정상회담을 위해서 싱가포르로 향할 때 중국 항공기와 북한 1호기 참매에 각각 탑승했다. 이를 통해서 북한에서의 급변사태 가능성이 현저히 줄어들었음을 감지할 수 있었다.

싱가포르에서 진행된 미국과의 정상회담에서 김정은 위원장의 여동생 김여정 부위원장의 역할은 의전비서관이자 수행비서였다. 그렇다면 마땅히 김정은 위원장과 같은 비행기에 탑승해야 한다. 참매에 따로 탑승했다는 것은 정치적 해석이 가능한 대목이었다.

미국에서는 대통령과 부통령이 같은 비행기에 탑승하지 않으며, 우리도 대통령과 국무총리가 한 비행기에 탑승하지 않는다. 미국에서 유일하게 대통령과 미 상원의장인 부통령, 대통령 승계순위 3위인 하원의장이 같은 장소에 있는 날은 대통령이 연두교서를 발표할 때다. 이날에는 상원의원 중 다수당 최다선의원이 관례로 맡는 대통령 승계순위 4위 상원임시의장(President Pro Tempore of the Senate)까

북한의 제4땅굴을 방문하고 추적해 들어가는 작업을 진행중인 독일 전문가 (Jean Paul Ruch 촬영, public domain)

지 같은 장소에 머물기 때문에 만약에 테러가 일어난다면 대통령직이 유고될 수 있다. 따라서 지정생존자(Designated Survivor/Successor)를 정해서 비밀장소에 격리시키는 게 관례이다. 북한에도 지정생존자가 있었을까? 백두혈통 두 사람이 동시에 나라를 비울 만큼 자신감이 있었던 것일까?

또 한 가지 주목해 봐야 할 것은 여전히 땅굴이다. 영화에서는 땅굴로 남한 후방에 침투하는 북한 병력이 모두 남한 군복을 입고 있다. 현재까지 확인된 북한의 땅굴은 모두 4개. 북한이 땅굴을 파는 징후가 나타난 곳이나 탈북자나 귀순자들의 증언이 있는 곳을 탐사해 봤지만 아직 추가로 확인된 땅굴은 없다.

2부 | 6.25 전쟁, 그 이후 231

제3땅굴 입구 (public domain)

　영화에서는 북으로 돌아가는 엄철우가 지프차를 타고 돌아가는 장면이 나오는데, 그러려면 땅굴을 무척 크게 파야 한다. 지금까지 발견된 땅굴에 들어가기 위해서는 철모를 쓰지 않으면 안 된다. 천정이 낮아 잘못하면 머리에 큰 상처를 입을 수도 있기 때문이다. 따라서 영화에 나오는 것처럼 병력이 2열 횡대로 행군하는 사이를 지프차가 지나가려면 엄청난 공사를 해야 하는데, 우리가 탐지할 수 없을 만큼 정교한 건설 공법이 동원됐을까?

　하여간 땅굴을 통한 북한군의 후방 침투는 유사시 최악의 상황을 초래할 수 있다는 점에서 여전히 예의주시해야 한다. 이처럼 이 영화는 스토리 이외에도 현실적으로 충분히 가능한 현대전 양상의 시나리오를 생각해 볼 수 있는 단초를 제공해 준다.

작전명 '아덴만의 여명'

　국제무대에서는 어떤 나라가 선진국일까? 일반적으로 국가들은 경제력에 상응하는 사회문화적 역량이나 군사력을 갖고 있다. 만일 경제력은 세계 2위권인데 군사력이 그에 미치지 못하면 '보통국가'가 되기 위해 군사력을 강화하려는 움직임을 보이기도 한다. 반면 경제력이나 사회문화적 역량은 하위권인데 군사력만 발전시키는 북한 같은 국가는 결코 선진국이라고 부르지 않는다. 경제력과 사회, 문화 역량 면에서 앞선 선진국이 군사력까지 갖추게 되면 강대국이라고 하는 것이 일반적이다. 대한민국은 선진국인가, 강대국인가? 경제력과 비슷한 수준의 군사력을 갖췄고 문화역량에서 세계 최고를 넘볼 정도가 됐다면, 선진국의 문턱에 서 있다는 자신감을 가져도 될까?

　경제력과 사회문화적 역량, 군사력도 중요하지만 더욱 중요한 것은 국제사회에서의 책임감이다. 6.25 전쟁을 겪으며 세계 여러 나라의 원조를 받는 가장 가난한 나라 중 하나였던 대한민국은 지난 70여 년간 눈부시게 발전하여 어느덧 세계 10위권의 경제대국으로 성장했다. 경제력을 갖춘 대한민국이 한류로 세계무대에서 문화역량을 자랑하던 즈음 해외파병의 역사에서도 큰 획이 그려진다.

강대국 중심의 국제질서가 다원화하면서 세계 여러 지역에서는 크고 작은 분쟁이 빈번하게 발생했고, 그때마다 국제연합(United Nations)을 중심으로 국제기구들은 평화유지군을 보내 분쟁 지역 관리와 치안유지 기능을 수행해 왔다. 자연히 우리에게도 국제사회의 리더로서 평화유지군에 참여하는 역할과 책임이 요구됐고 우리는 해외파병을 하는 국가의 반열에 오르게 되었다. 이는 경제와 문화에 이어 군사력도 갖춰 선진국으로 도약했음을 상징적 의미를 보여주는 것이다.

'세계 10위권 경제력'이란 표현은 2010년대 초반 무렵부터 언론에 오르내렸다. 이맘때 (2011년 기준) 우리나라의 GDP(Gross Domestic Product, 국내총생산)는 세계 15위권에 머물러 있었다. 그러나 GDP 못지않게 국제무대에서 경제적 기여도를 측정하는 지표가 유엔에 대한 예산 기여도다. 이를 기준으로 본다면 그 당시부터 분명 우리는 세계 10위권 경제대국의 지위를 갖고 있었다.

유엔의 예산은 일반예산과 평화유지 활동(PKO, Peace Keeping Operation) 예산으로 분류되는데, 2011년 당시 대한민국의 기여도는 일반예산 기준 10위, 평화유지 활동 예산 기준으로 9위였다.[1] 가히 세계 10위권 경제국가로서 위상이 세워진 셈이다. 문화역량은 어땠을까. 우리 드라마가 중국 대륙을 강타하며 전 세계적인 인기를 얻고 있었고, 걸 그룹 원더걸스와 소녀시대가 미주대륙을 휩쓸던 때였다.

해외파병이 본격화된 것은 2006년부터였다. 1991년부터 1999년까지 유엔 평화유지군으로 모두 2,241명을 파병했지만, 연간 47명에서 최대 488명 수준에 불과했다. 2006년 노무현 정부는 미국의 요청을 받아들여 국내정치적 부담에도 불구하고 이라크에 전투병력 5,689명을 파견하고 이듬해까지 2,340명 수준의 병력을 유지했다. 이명박 정부에 들어서는 해외파병의 형태를 다국적군과 PKO로 이원화해서 운용했다. 2009년 3월 유엔의 요청에 의해 다국적군으로 소말리아 해역 아덴만에 파견된 부대가 청해부대이다. 2008년 이후 소말리아 해역에서 해적들이 선박을 나포하고 인질들의 몸값을 요구하는 사건이 자주 발생하자 유엔은 안보리 결의안 1,816호를 통해 해적에 대한 무력 사용을 허용했고, 1,838호를 통해서는 모든 당사국에 함정과 항공기 파견을 요청했다. 우리도 국회 동의를 거쳐 청해부대를 파견하게 된 것인데, 통일신라시대 해상무역을 부흥시킨 장보고가 완도에 설치한 청해진에서 이름을 따왔다고 한다.[2]

2011년 1월 21일, 이명박 대통령의 떨리는 목소리가 전국을 흥분의 도가니에 빠뜨렸다. 소말리아 해적에 피랍됐던 우리나라 선적 삼호주얼리호 구출작전을 성공리에 수행했다는 담화가 발표된 것이다.

"국민 여러분, 우리 자랑스러운 청해부대가 드디어 해 냈습니다. 우리 군이 방금 전 소말리아 해적에 납치된 우리 선원 8명을 포함한 삼호주얼리호 선원 21명 전원을 무사히 구출해 냈음을 보고를 드립니다.

저는 어제 오후 5시 12분 국방부 장관에게 인질구출작전을 명령했습니다. 우리 군은 어려운 여건 하에서도 완벽하게 작전을 수행해 냈습니다. 대한민국 국민과 함께 치하와 격려를 보냅니다. 아울러 이 작전을 위해 협력해 준 우방국가들에게도 감사를 드립니다.

우리에게 가장 중요한 것은 대한민국 국민의 생명과 안전입니다. 앞으로도 우리 국민의 생명과 안전을 위협하는 어떤 행위도 용납하지 않을 것입니다.

국민 여러분들에게 소식을 먼저 전해 드립니다. 고맙습니다."[3]

결과와 경과, 치하와 감사, 결의가 축약된 짧은 연설이었지만, 외교안보 전문가라면 잊지 못할 순간이었다.

작전명 '아덴만의 여명'! 베트남전 이후 처음으로 해외에 파병된 우리 군에 의한 군사작전! 그것도 우리 국민이 인질로 잡혀있는 상황이었기에 구출작전 성공은 역사에 기록될 순간이었다. 대통령의 결단과 해군 특수전 전단(Naval Special Warfare Flotilla)의 훌륭한 전투 수행능력으로 가능했던 일이다. 또한 우리 국민의 생명과 안전을 위해서라면 우리 군은 어디든 가겠다는 의지를 전 세계에 알린 순간

소말리아 해적 (2006년 3월 18일 미 해군 촬영) https://ko.wikipedia.org/wiki/%EC%86%8C%EB%A7%90%EB%A6%AC%EC%95%84%EC%9D%98_%ED%95%B4%EC%A0%81#/media/%ED%8C%8C%EC%9D%BC:Suspected_pirate_skiff_near_Somalia.jpg

이기도 했다. 비로소 선진국의 마지막 빈칸을 채워 넣은 국민들의 자긍심이 한껏 부풀어 오른 건 당연했다.

사실 우리 국민이 해외에서 인질로 잡혔던 것은 이 경우가 처음은 아니다. 2004년 6월 우리 국민 한 사람이 이라크에서 인질로 잡혀 안타깝게 목숨을 잃은 사건이 발생했다. 그는 '유일신과 성전'(ISIS의 전신)에 의해 피랍되었는데, 당시 이라크에 주둔하고 있던 자이툰 부대의 즉각 철수와 추가파병을 중단하라는 요구를 관철시키기 위한 것이었고, 우리 정부가 그 요구를 거부하자 살해된 것이다. 2007년 7월에는 아프가니스탄에서 선교활동 중이던 23명의 우리 국민이 탈레반에게 피랍되는 사건이 발생했다. 이들 역시 한국군의 즉각 철수가 석방조건이었는데, 인솔 목사 등 2명이 살해됐고 나머지 21명은 협상교섭 끝에 풀려났다.

소말리아 해역 청해부대 대조영함의 선박호송 활동 (2009년 8월 22일 촬영, 2010 국방화보, 대한민국 국군)
https://www.flickr.com/photos/kormnd/7445554088/in/album-72157630292490846/

2019 해적진압작전훈련 (대한민국 해군사진 갤러리)

    2007년에도 군사작전이 검토됐었다고 한다. 특전사 대테러 요원들이 아프가니스탄 현지에 급파되어 인질 구출작전을 준비했고, 인질 억류 지역의 지형 정보는 물론 탈레반 세력의 이동 경로와 은거지, 사용무기에 대한 철저한 사전조사 임무를 수행했다고 한다. 이러한 움직임이 탈레반 세력에 대한 압박으로 작용되면서 협상이 성공리에 마무리될 수 있었을 것이다. 그러나 국방부 대변인은 "어느 나라 정부도 군사작전에 대해 언급하지 않는다"며 자세한 사항에 대한 설명은 하지 않았다.[4]

2019 해적진압작전훈련3 (대한민국 해군사진 갤러리)

　사태 수습 뒤 인질 석방에 기여한 군사 협조단 장교와 현지 공병장교, 군사 협조업무장교와 간호장교 등이 훈장을 받는 과정에서 특전사 요원 6명도 표창을 받은 사실이 보도되었다.[5] 우리 인질들이 계속 살해되어 무사 송환을 기대할 수 없는 상황이 발생할 경우에 대비한 작전 또한 검토되었고, 국가안전보장회의에 보고까지 됐었다고 한다. 인질 구출작전이 아닌 시신 확인 및 보복 공격작전의 성격으로 특전사 1, 2개 여단을 투입, 현지 미군과 협조해 탈레반 세력을 소탕한다는 개념의 작전이 구상됐었다는 보도도 있었다.[6]

이명박 정부가 아덴만의 작전 성공을 발표할 수 있었던 것은 노무현 정부의 파병 결정과 우리 국민을 대상으로 한 인질사건에 대한 경험이 있었기에 가능한 것이었다. 이처럼 정부의 정책, 특히 외교안보는 시점에 따라 당시 집권한 정권이 그 성과를 다 가져가거나 반대로 모든 책임을 져야 하는 건 결코 아니다.

햇볕정책으로 불리는 김대중 정부의 대북 화해 협력정책은 사실 박정희 정부 시절 닦아온 경제력을 바탕으로 한 것이다. 1970년대 초반까지 지속됐던 북한의 경제 우위가 계속되는 상황이었다면, 햇볕정책은 아예 생각조차 불가능한 것이었다. 노무현 정부 시절 대규모 전투 병력의 해외파병을 단행했고, 우리 국민이 해외에서 인질이 된 상황에서 군사 옵션을 고려했던 경험이 이명박 정부에 와서 '아덴만의 여명' 작전 성공이라는 결실을 맺은 것이다. 또 김대중 정부의 대북 화해 협력정책, 노무현 정부의 평화 번영정책, 일컬어 햇볕정책이 있었기에 이명박 정부와 박근혜 정부의 대북 압박정책이 효율적으로 운용될 수 있었던 것이다.

에필로그

전쟁영화는 역사와 현실의 연결고리다. 영화는 어떤 사건 혹은 사람들 사이의 시간적 차이를 넘어 그 간극을 좁혀주는 가교 역할을 해줄 수 있다. 모든 영화가 그 시대의 사회상을 반영하듯 전쟁영화도 전쟁이라는 정치적 행위를 주제로 하기 때문에 영화 제작 당시의 정치 상황으로부터 자유로울 수 없다.

일반적인 학문적 업적들과 마찬가지로 영화에도 나름대로의 시각과 관점이 담길 수밖에 없다. 이미 일어났던 일들, 지난 시간들이 남긴 기록들을 역사가들은 저마다의 시각과 프레임으로 바라본다. 그러면 같은 사건에 대해 여러 해석이 나올 수 있고 때로는 상반된 해석이 대비를 이루기도 한다. 그래서 하나의 사실(事實)에 대해 여러 개의 사실(史實)이 존재하게 되는 것이다. 사실(史實)은 시대에 따라 변하며 때문에 적절한 시대적 맥락 속에서 분석돼야 한다. 사실(史實)은 고정적이라기보다 유동적인 것이다.

'실제 일어난 역사'와 '영화가 묘사하는 역사' 사이에서 '역사적 사실에 대한 사색'(historical thinking)[1]과 담론(discourse)에 더 큰 영향을 주는 것은 무엇일까? 미국의 소설가이자 시나리오 작자인 코린느 아니타 루스(Corinne Anita Loos)는 할리우드의 기원을 제1차 세계대전에서 찾는다. 고대 도시국가에서 연극도시가 갖던 정치적 의미를 할리우드에서 찾아 볼 수 있다는 것이다. 고대 도시국가에서 연극을 함께 보면서 시민권과 같은 연대적 자각을 느꼈던 것처럼 제1차 세계대전 당시 영화를 통해 재생산된 미국의 이미지들이 "이주민들의 조국에 대한 욕망"을 충족시키게 됐다는 것이다.[2]

영화는 히틀러가 통치하던 나치 독일에서도 중요한 정치적 의미를 띠고 있었다. 괴벨스(Paul Joseph Goebbels)는 기자 출신으로 히틀러의 선전 책임자가 되자 축음기 보유 가구를 대상으로 5만 개의 파시스트 선전 음반을 제작해서 배부했고, 영화관에는 이데올로기적 단편영화의 상영을 종용했다. 또한 전 국민을 대상으로 라디오 구입을 강제하여 히틀러의 권력 장악을 도왔다.[3] 북한에서도 마찬가지다. 북한의 2대 지도자 김정일은 후계자 시절 노동당 선전선동부에서 정치 커리어를 쌓았다. 요직 중의 요직이다. 김 왕가의 집권을 정당화하고 체제를 유지하는 명분을 축적하는 가장 효과적인 방법이 바로 영화였기 때문이다.

권력 장악이나 체제유지와는 다소 거리가 있겠지만, 6.25 전쟁을 다룬 우리 영화들도 시대상을 반영하지 않을 수 없다. 냉전시대 만들어졌던 전쟁영화 대부분이 그 시대적 영향 아래서 반공이라는 이념적 굴레를 벗어나지 못했다면, 그 후 민주화와 세계화 시대를 거쳐 인공지능 시대에 이르러서는 서로 상반되는 혹은 전혀 다른 시각의 사회적 담론 구조가 영화를 통해 치열한 논쟁을 벌인다. 한반도라는 실제적 공간에서의 냉전, 글로벌 사회라는 인식적 공간에서의 탈냉전, 그리고 인류보편이라는 가치판단적 공간에서의 갈등에 민주화라는 정치적 공간에서의 반목까지 맞물리면서 우리 영화는 전후세대와 전쟁 경험 세대, 친미와 반미, 안보와 통일, 친북과 반북의 갈등을 다양한 방식으로 표현하게 된다.

예를 들어, 박광현 감독의 『웰컴투 동막골』(2005), 천성일 감독의 『서부전선』(2015), 강형철 감독의 『스윙 키즈』(2018)는 전쟁을 배경으로 하는 영화지만 피아의 구분이 뚜렷하지 않다. 기존의 아군과 적군이라는 이분법적 사고를 뛰어넘어 제3의 세력이 오히려 적과 비슷한 개념으로 묘사된다. 양우석 감독의 『강철비』(2017)와 『강철비 2: 정상회담』에서는 북한 내 강경파와 대화파를 뚜렷이 구분하고 있으며, 1편에서는 미국이, 2편에서는 일본과 중국이 한반도 평화를 위협하는 존재로 부각된다.

시간이 지나고 시대가 바뀌는 과정에서 전쟁영화가 마땅히 전제로 깔아야 하는 피해자와 가해자의 프레임도 점차 모호해지고 있다. 영화에 등장하는 피해자의 개념이 이념에 의해 판단되기보다는 사회적 기준에 의해 규정되기 시작한 것이다. 빈부의 사회구조에서 희생자의 낙인과 동일시되는 가난, 남존여비의 희생자, 대식구와 다자녀의 틈바구니에서 자라난 설움 같은 이슈들이 6.25 전쟁의 이념성을 희석시키는 프레임으로 작용하고 있다. 그래서 과거에 애국심, 반공이 차지하고 있던 지배적 프레임들이 경제적 분배와 사회적 불평등, 양성평등과 같은 사회문제의 프레임으로 변화되기 시작한다.

또한 영화가 다루고자 하는 의미나 메시지들이 다양해진다. 『태극기 휘날리며』(2004), 『웰컴투 동막골』(2005), 『고지전』(2011), 『서부전선』(2015), 『스윙키즈』(2018) 등이 이념을 초월한 전쟁의 덧없음과 인간성의 회복에 초점을 맞췄다면, 『포화 속으로』(2010), 『인천상륙작전』(2016), 『장사리: 잊혀진 영웅들』(2019)에서는 두려움이라는 원초적 고뇌 속에서도 싸워야 할 이유를 아는 주인공들의 희생과 봉사를 담고 있다. 『마이웨이』(2011)와 『봉오동 전투』(2019)가 던져주는 메시지는 극명하게 대비된다.

전쟁영화 한 편을 보고 액션만을 즐기기에는 그 안에 담긴 역사와 정치, 사회와 문화의 깊이가 너무 심오하고 영화 속 사람들이 실제로 겪었을 인생과 경험의 무게를 외면하기가 버겁다. 여기서 소개하는 영화는 되도록 실제 사실을 영화화한 논픽션들을 골랐고, 실제 상황과 전혀 결부시킬 수 없는 완전 픽션 영화들은 제외하였다. 픽션의 경우에는 최대한 배경과 유사한 실제 상황을 찾아 소개했다. 특히 6.25 전쟁을 주제로 한 영화에서는 참전용사들의 증언을 가급적 많이 소개하여 영화에서 묘사되는 장면들에 대한 간접경험의 기회를 넓힐 수 있도록 노력했다.

영화 속 전쟁의 리얼 스토리를 담기 위해 또 한 가지 필요했던 것은 영화 속 장면과 유사한 기록사진을 찾아내는 것이었다. 6.25 전쟁은 분명 우리가 싸운 전쟁인데, 찾아볼 수 있는 사진 대부분이 미군 당국이 촬영해 미국 국립문서기록관리청(National Archive and Record Administration, NARA)이 소장하고 있는 것들이었다. 우리나라 국가기록원 등 6.25 전쟁 관련 사진기록들 중에서도 미 국립문서기록관리청 소장 사진들이 적지 않아 기록의 중요성을 일깨워 주는 계기가 됐다. 미 국립문서기록관리청 사진팀(Still Picture Reference Team)의 새라 브세이라니(Sarah Bseirani) 기록원의 도움에 깊이 감사드린다. 우리 국가기록원의 도움도 소중했다.

마지막으로 한 마디만 더 한다면, 권위있는 작품상을 받은 대한민국 영화에는 전쟁영화가 너무 없다는 점이 몹시 아쉽다. 글을 쓰고 작품을 소개하면서 육·해·공군의 균형을 맞추고 싶었지만, 절대적으로 한계가 있었다. 6.25 전쟁 관련 이외에도 두 차례에 걸친 세계대전과 베트남 전쟁 등을 주제로 한 수많은 작품들을 살펴보았는데, 양적, 질적인 측면에서 부러움을 느끼지 않을 수 없었다. 특히 1억2천만 달러의 제작비를 들인 『밴드 오브 브라더스』(2001)와 같은 미국의 TV드라마 시리즈는 부럽다 못해 빼앗아 오고 싶기까지 한다. 같은 전투에서 맞서 싸우던 미국과 독일의 참전용사들이 이제는 말할 수 있는 경험담을 엮어 만든 논픽션 드라마인데, 6.25 전쟁에 참전했던 남·북한의 생존자 분들이 점차 스러져가는 현실이 사무치게 아쉽기만 하다.

참고문헌

국문자료

강제규 필름 엮음, 『태극기 휘날리며』 (서울: 시공사, 2004).
『구한국외교문서』 제1권 (日案) (서울: 고려대학교출판부, 1965).
국방부, "국군포로의 실상과 대책: 조국은 당신들을 잊지 않습니다," 2007년 11월.
국방부 군사편찬연구소, 『독립군과 광복군 그리고 국군』 (서울: 국방부 군사편찬연구소, 2017).
국방부 군사편찬연구소, 『알아봅시다! 6·25 전쟁사 제3권 고지쟁탈전과 휴전협정』 (2005).
국방부 군사편찬연구소, 『6·25 전쟁 참전자 증언록 1: 북한의 남침과 서전기』 (2003).
국방부 군사편찬연구소, 『6.25 戰爭史 5, 낙동강선 방어작전』 (2008).
국방부 군사편찬연구소, 『6.25 戰爭史. 6, 인천상륙작전과 반격작전』 (2008).
권주혁, 『바다여, 그 말하라! 영광의 초계함 백두산과 비운의 당포항』 (중앙, 2003).
김동정, "6·25 전쟁과 호국영웅 학도병 명예 선양," 태백학도병 선양 학술회의 자료집 (2019.12.06.).
김익상, 『스크린에 숨은 세계사 여행』 (서울: 도서출판 창해, 2011).
김쾌상(역), 『6·25 전쟁』 (서울: 일월서각, 1983).
김행복, 『6.25 전쟁사, 2권, 북한군 남침부터 중공군 개입까지』 (국방부 군사편찬연구소, 2005).

박진한 외, 『'가미카제 특공대'에서 '우주전함 야마토'까지: 전후 일본의 전쟁영화와 전쟁 인식』 (서울: 소명출판, 2013).

(사)대한민국 6·25참전 유공자회, 『6·25 전쟁 증언록 II』 (2008).

(사)대한민국 6·25참전 유공자회, 『6·25 전쟁 참전수기 III』 (2011).

양영조, "6·25 전쟁쟁기 제8군 정보참모부(G-2) 정보보고서 자료 해제" 『한국학 논총』 34, (2010).

육군본부, 『6·25 사변사』 (서울: 육군본부, 1959).

육군본부, 『한국전쟁시 학도의용군』 (서울: 육군본부, 1994).

전쟁기념사업회, 『6·25 전쟁사 제1권 요약동사』 (서울: 전쟁기념사업회, 1990).

해군본부, 『간·편·海』 (해군 공보정훈실, 2018).

해병대사령부 (海兵隊司令部), 『해병발전사 (海兵發展史)』 (서울: 해병대사령부, 1961).

해병대사령부 (海兵隊司令部), 『해병 전투사 제1집 (海兵戰鬪史, 第1輯)』 (서울: 해병대사령부, 1962).

국외자료

Allan R. Millett, *The Korean War, Volume 1* (University of Nebraska Press, 2000).

Allan Millett, *The War for Korea, 1950-1951: They Came from the North* (Lawrence: University Press of Kansas, 2010).

Allen S. Whiting, *China Crosses the Yalu: The Decision to Enter to Korean War* (Stanford: Stanford University Press, 1960).

Allen S. Whiting, *China's Calculus of Deterrence : India and Indochina* (Ann Arbor : University of Michigan Press, 1975).

Bevin Alexander, *Korea: The First War We Lost* (New York: Hippocrene Books, 2003).

Gilles Deleuze, *Cinema 2: The Time-Image* (translated by Hugh Tomlinson and Robert Galeta, Minneapolis: University of Minnesota Press).

Gordon Rottman, *Korean War Order of Battle: United States, United Nations, and Communist Ground, Naval, and Air Forces, 1950-1953* (Westport: Praeger Publishers, 2001).

Joseph C. Goulden, *Korea: The Untold Story of the War* (McGraw-Hill, 1982).

Marcia Landy, *Cinema & Counter-History* (Bloomington: Indiana University Press, 2015).

Matthew A. Baum and Tim J. Groeling, *War Stories: The Causes and Consequences of Public Views of War* (Princeton: Princeton University Press, 2010).

Max Fisher and Jugal K. Patel, "What One Photo Tells Us About North Korea's Nuclear Program," *New York Times*, February 24, 2017.

Michael O'Hanlon, "Stopping a North Korean Invation: Why Defending South Korea is Easier than the Pentagon Thinks," *International Security* Vol. 22, no. 4 (Spring 1998).

Mike Mayo, War Movies: *Classic Conflict on Film* (Detroit: Visible Ink, 1999).

Samuel Lyman Atwood Marshall, *Pork Chop Hill: The American Fighting Man in Action, Korea,* Spring 1953 (William Morrow, 1956).

Philip Rosen, *Change Mummified: Cinema, Historicity, Theory* (Minneapolis: University of Minnesota Press, 2001).

Roy Appleman, *South to the Naktong, North to the Yalu: United

States Army in the Korean War (Department of Army, 1998).
William E. Henthorn, A History of Korea (New York : The Free Press, 1971).

인터넷 자료 / 언론 자료

김희철, "[김희철의 전쟁사(72)] 36대800 기적의 승리 만든 베티고지 전투(하)," 『뉴스투데이』 (2020년 12월 14일).
김희철, "[김희철의 전쟁사(76)] 서부전선을 지켜낸 해병대의 '장단·사천강 전투' (상)," 『뉴스투데이』 (2021년 1월 13일).
대한민국역사박물관, "학도의용군 6·25전적비 편지."
대한민국역사박물관, "포항여자중학교 전투 전공사."
대한민국 청와대, "장진호 전투 기념비 헌화 기념사."
대한민국 청와대, "6·25 전쟁 참전용사 퍼켓 예비역 대령 명예훈장 수여식."
『독립신문』 제58호, 제88호.
박재환 영화리뷰, "[원한의 도곡리 철교] 6·25 전쟁 참전 美 항공모함 (마크 롭슨 감독 The Bridges at Toko-Ri 1954)" (2019년 8월 17일).
심인성, "〈6·25 65주년〉"트루먼, 日 원폭참상 충격에 6·25 전쟁 원폭투하 불허," 『연합뉴스』 (2015년 6월 23일).
이준삼, "해군, '군번없는 참전영웅' 문산호 선원 무공훈장 서훈식"『연합뉴스』 (2019년 5월 27일).
오영환, "맥아더 34발 원폭 공격 추진 … 김일성 핵 집착 그때 시작됐다," 『중앙일보』 (2015년 6월 23일).
이우희, "'봉오동 전투'가 승전? 일본군 공식 사망자는 단 1명에 불과," 『미디어워치』 (2019년 8월 16일).
이흥환, "트루먼 행정부, 6·25 이튿날부터 원폭 투하 검토," 『신동아』

  (2005년 4월 25일).

이덕일, "'무적 황군' 신화 깬 김좌진·홍범도 연합부대," 『중앙선데이』

  (2012년 2월 12일).

한국학중앙연구원, "승호리 철교 차단작전(勝湖里 鐵橋 遮斷作戰)."

한국학중앙연구원, "전우야 잘자라- 한국민족문화대백과사전."

『KBS 다큐멘터리 한국전쟁 4편 폭풍』, 1990년 6월 21일 방영.

『KBS 다큐멘터리 한국전쟁 5편 북진』, 1990년 6월 22일 방영.

『KBS 다큐멘터리 한국전쟁 6편 또 다른 전쟁』, 1990년 6월 23일 방영.

『KBS 다큐멘터리 한국전쟁 7편 협상의 비탈』, 1990년 6월 26일 방영.

주(註)

1부 6.25를 걷다

전쟁의 시작

1) 최태환 당시 북한군 제6사단 중좌의 증언, 『KBS 다큐멘터리 한국전쟁 4편 폭풍』, 1990년 6월 21일 방영.
2) 참전용사 김창식의 증언, (사)대한민국 6·25참전 유공자회, 『6·25 전쟁 참전수기 III』 (2011), p. 44.
3) 참전용사 김석근의 증언, 『6·25 전쟁 참전수기 III』, p. 68.
4) 박정인 당시 육군본부 작전국 대위의 증언, 『KBS 다큐멘터리 한국전쟁 4편 폭풍』, 1990년 6월 21일 방영.
5) 차갑준 당시 제2사단 제5연대 소령과 이형근 당시 제2사단장의 증언, 『KBS 다큐멘터리 한국전쟁 4편 폭풍』, 1990년 6월 21일 방영.
6) 참전용사 이중석의 증언, 『6·25 전쟁 참전수기 III』, p. 52.
7) 참전용사 박준수의 증언, 『6·25 전쟁 참전수기 III』, p. 53.
8) 최태환 당시 북한군 제6사단 중좌의 증언, 『KBS 다큐멘터리 한국전쟁 4편 폭풍』. 1990년 6월 21일 방영.
9) 주영복 당시 북한군 제2군단 소좌와 지기철 당시 북한군 제6사단 소좌의 증언, 『KBS 다큐멘터리 한국전쟁 4편 폭풍』, 1990년 6월 21일 방영.
10) 지기철 당시 북한군 제6사단 소좌의 증언, 『KBS 다큐멘터리 한국전쟁 4편 폭풍』. 1990년 6월 21일 방영.
11) 장도영 당시 국방부 정보국장의 증언, 『KBS 다큐멘터리 한국전쟁 4

편 폭풍』.

12) 참전용사 박형수와 김창식의 증언, 『6·25 전쟁 참전수기 III』 pp. 40-44.

13) 참전용사 김창식의 증언, 『6·25 전쟁 참전수기 III』, p. 44.

14) 참전용사 박형수의 증언, 『6·25 전쟁 참전수기 III』, p. 40.

15) 참전용사 강상영의 증언, (사)대한민국 6·25참전 유공자회, 『6·25 전쟁 증언록 II』 (2008), p. 169.

16) 김행복, 『6.25 전쟁사, 2권, 북한군 남침부터 중공군 개입까지』 (국방부 군사편찬연구소, 2005), pp. 21-23.

17) 김행복, 『6.25 전쟁사』, pp. 39-41; https://ko.m.wikipedia.org/wiki/시흥-안양-수원_전투; 『뉴시스』 2021년 12월 23일자.

18) Joseph C. Goulden, *Korea: The Untold Story of the War* (McGraw-Hill, 1982), pp. 109-120.

19) *Korea: The Untold Story of the War*, pp. 117-119.

20) *Korea: The Untold Story of the War*, p. 120; 『연합뉴스』, 1998년 2월 4일자, "미 예비역 장군, 육사에 1천 달러 기탁"; 『동아일보』, 2008년 7월 1일자, "1950년 미 스미스부대 한국 도착."

21) *Korea: The Untold Story of the War*, pp. 122-123.

22) *Korea: The Untold Story of the War*, p. 121.

23) *Korea: The Untold Story of the War*, p. 123.

24) *Korea: The Untold Story of the War*, pp. 147-150.

바람 앞의 등불, 위기의 대한민국

1) 김행복, 『6.25 전쟁사』, pp. 62-78.

2) *Korea: The Untold Story of the War*, pp. 182-183.

3) 참전용사 김석근의 증언, 『6·25 전쟁 참전수기 III』, p. 71.

4) 강제규 필름 엮음, 『태극기 휘날리며』 (시공사, 2004), p. 33.

5) 『태극기 휘날리며』, pp. 26-27.

6) 참전용사 정인철의 증언, 『6·25 전쟁 참전수기 III』, p. 84.

7) 안정일 당시 북한군 제13사단 통신병의 증언, 『KBS다큐멘터리 한국전쟁 4편 폭풍』, 1990년 6월 21일 방영.

8) 참전용사 권영률의 증언, 『6·25 전쟁 참전수기 III』, pp. 88-89.

9) 참전용사 송종윤의 증언, 『6·25 전쟁 참전수기 III』, p. 91.

10) 김행복, 『6.25 전쟁사』, pp. 63-64.

11) 김행복, 『6.25 전쟁사』, p. 64.

12) 참전용사 최재인의 증언, 『6·25 전쟁 증언록 II』, p. 22.

13) 학도병 출신 참전용사 이상룡의 증언, 『6·25 전쟁 참전수기 III』, p. 96.

14) 육군본부, 『한국전쟁시 학도의용군』 (1994), pp. 116-118; 『세계일보』, 2019년 7월 24일; 『중앙일보』, 2007년 4월 25일.

15) 『한국전쟁시 학도의용군』, pp. 79-89.

16) 『한국전쟁시 학도의용군』, pp. 89-90.

17) Allan R. Millett, *The Korean War*, Volume 1 (University of Nebraska Press, 2000), p. 49와 p. 147.

18) Millett, *The Korean War*, pp. 124-125.

19) Roy Appleman, *South to the Naktong, North to the Yalu: United States Army in the Korean War* (Department of Army, 1998), pp. 27-28; https://www.history.army.mil/books/korea/20-2-1/sn18.htm.

20) Millett, *The Korean War, p. 212; Allan Millet, The War for Korea, 1950-1951: They Came from the North* (Lawrence: University Press of Kansas, 2010), p. 91; *South to the Naktong, North to the Yalu*, p. 28; https://www.history.army.mil/books/korea/20-2-1/sn18.htm.

21) 권주혁, 『바다여, 그 말하라! 영광의 초계함 백두산과 비운의 당포항』 (중앙, 2003), pp. 106-123; Millet, The War for Korea, pp. 91-92; 김행복, 『6.25 전쟁사』, p. 27.
22) 권주혁, 『바다여, 그 말하라! 영광의 초계함 백두산과 비운의 당포항』 (중앙, 2003), pp. 106-123; Millet, The War for Korea, pp. 91-92; 김행복, 『6.25 전쟁사』, p. 27.
23) 권주혁, 『바다여, 그 말하라! 영광의 초계함 백두산과 비운의 당포항』 (중앙, 2003), pp. 106-123; Millet, The War for Korea, pp. 91-92; 김행복, 『6.25 전쟁사』, p. 27.
24) South to the Naktong, p. 327; https://www.history.army.mil/books/korea/20-2-1/sn18.htm.
25) 『한국전쟁시 학도의용군』, p. 90.
26) 『한국전쟁시 학도의용군』, pp. 89-96.
27) 『한국전쟁시 학도의용군』, pp. 92-97.
28) 『한국전쟁시 학도의용군』, pp. 93-94; 대한민국 역사박물관, "학도의용군 6.25 전적비 편지," http://archive.much.go.kr/data/01/folderView.do?jobdirSeq=1050
29) 『한국전쟁시 학도의용군』, pp. 130-138.
30) 『한국전쟁시 학도의용군』, p. 138.
31) 『한국전쟁시 학도의용군』, pp. 139-140.
32) 『한국전쟁시 학도의용군』, pp. 141-144.
33) 『한국전쟁시 학도의용군』, pp. 144-145.
34) 『한국전쟁시 학도의용군』, pp. 145-147.
35) 『한국전쟁시 학도의용군』, pp. 146-150.
36) 『연합뉴스』, "해군, '군번없는 참전영웅' 문산호 선원 무공훈장 서훈식," 2019년 6월 27일.

전세 역전의 불을 밝히다

1) 국방부 군사편찬연구소, 『6.25 戰爭史. 6, 인천상륙작전과 반격작전』 (서울: 국방부 군사편찬연구소, 2008), pp. 122-126.
2) 『중앙일보』, 2016년 7월 26일.
3) 최규봉 당시 켈로부대장의 증언, 『KBS 다큐멘터리 한국전쟁 5편 북진』, 1990년 6월 22일 방영; "어느 전쟁 영웅의 '인천상륙작전," 『경향신문』, 2021년 6월 26일.
4) *Korea: The Untold Story of the War*, pp. 204-205.
5) 참전용사 계지묵의 증언, 『6·25 전쟁 참전수기 III』, p. 146.
6) 양영조, "한국전쟁기 제8군 정보참모부(G-2) 정보보고서 자료 해제," 『한국학논총』 34, (2010), pp. 1251-1252.
7) 로버트 태플릿 당시 미 해병 1사단 중령과 에드윈 시몬스 당시 미 해병 제1사단 소령의 증언, 『KBS 다큐멘터리 한국전쟁 5편 북진』, 1990년 6월 22일 방영.
8) 프랭크 커 당시 미 해병 1사단 상사의 증언, 『KBS 다큐멘터리 한국전쟁 4편 폭풍』, 1990년 6월 21일 방영.
9) 김행복, 『625전쟁사』, pp. 23-25; 『조선일보』, 2016년 8월 3일.
10) 참전용사 정한식의 증언, 『6·25 전쟁 참전수기 III』, p. 132.
11) 참전용사 부창옥의 증언, 『6·25 전쟁 증언록 II』, p. 32.
12) 백인엽 당시 제17연대장의 증언, 『KBS 다큐멘터리 한국전쟁 4편 폭풍』, 1990년 6월 21일 방영.
13) 참전용사 유재철의 증언, 『6·25 전쟁 참전수기 III』, p. 134.
14) 참전용사 강신봉과 손담의 증언, 『6·25 전쟁 증언록 II』, p. 25와 p. 27.
15) 참전용사 진두섭의 증언, 『6·25 전쟁 증언록 II』, p. 30.
16) 참전용사 맹보영의 증언, 『6·25 전쟁 증언록 II』, p. 38.
17) 참전용사 박성지의 증언, 『6·25 전쟁 참전수기 III』, p. 98.

18) 참전용사 진두섭의 증언, 『6·25 전쟁 증언록 II』, p. 30.
19) 참전용사 부창옥의 증언, 『6·25 전쟁 증언록 II』, p. 33.
20) 참전용사 부창옥의 증언, 『6·25 전쟁 증언록 II』, pp. 33-34.
21) 참전용사 유재철의 증언, 『6·25 전쟁 참전수기 III』, pp. 134-135.
22) 참전용사 부창옥의 증언, 『6·25 전쟁 증언록 II』, pp. 35-36.
23) 참전용사 부창옥의 증언, 『6·25 전쟁 증언록 II』, p. 36.
24) 김윤근 당시 해병 제3대대장의 증언, 『KBS다큐멘터리 한국전쟁 4편 폭풍』, 1990년6월21일 방영.
25) 참전용사 조덕제의 증언, 『6·25 전쟁 참전수기 III』, p. 145.
26) 『태극기 휘날리며』, p. 113.
27) 『태극기 휘날리며』, p. 116.
28) 한국학중앙연구원, "전우야 잘자라 (戰友야 잘자라) - 한국민족문화대백과사전," http://encykorea.aks.ac.kr/Contents/Item/E0049550 (검색일: 2021.08.31).
29) *Korea: The Untold Story of the War*, p. 248.
30) *Korea: The Untold Story of the War*, p. 251.
31) *Korea: The Untold Story of the War*, p. 248.
32) 참전용사 김주찬의 증언, 『6·25 전쟁 증언록 II』, p. 42.
33) 참전용사 김주찬의 증언, 『6·25 전쟁 증언록 II』, pp. 42-43.
34) 참전용사 이재용의 증언, 『6·25 전쟁 증언록 II』, pp. 44-45.
35) 참전용사 이재용의 증언, 『6·25 전쟁 증언록 II』, pp. 44-45.
36) 참전용사 황연화의 증언, 『6·25 전쟁 증언록 II』, p. 198.

밀려오는 중공군

1) 중국과 수교가 되기 전까지 대만의 중화민국 정부와 구분하기 위해 중국공산당의 약자인 중공으로 중국을 불렀고, 6.25 전쟁 당시 밀려오던

중국의 인민지원군을 중공군으로 불렀다.

2) 참전용사 이중석의 증언, 『6·25 전쟁 참전수기 III』, pp. 151-152.

3) 참전용사 김진원의 증언, 『6·25 전쟁 참전수기 III』, pp. 153-154.

4) 이에 대한 자세한 논의는 심인성, "〈6·25 65주년〉 트루먼, 日 원폭 참상 충격에 한국전 원폭투하 불허," 『연합뉴스』, 2015년 6월 23일, https://www.yna.co.kr/view/AKR20150620003200071 (검색일: 2021. 09. 06.); 오영환, "맥아더 34발 원폭 공격 추진 … 김일성 핵 집착 그때 시작됐다."『중앙일보』, 2015년 6월 23일, https://www.joongang.co.kr/article/22702757 (검색일: 2021. 09. 06); 이홍환, "트루먼 행정부, 6·25 이튿날부터 원폭 투하 검토,"『신동아』, 2005년 4월 25일, https://shindonga.donga.com/3/all/13/104419 (검색일: 2021. 09. 06).

5) Allen S. Whiting, *China Crosses the Yalu: The Decision to Enter to Korean War* (Stanford: Stanford University Press, 1960), p. 64; 전쟁기념사업회, 『한국전쟁사 제1권 요약동사』 (서울: 전쟁기념사업회, 1990), p. 358.

6) 육군본부, 『6·25 사변사』 (서울 : 육군본부, 1959), p. 163.

7) *Korea: The Untold Story of the War*, pp. 274-275.

8) *Korea: The Untold Story of the War*, p. 277.

9) 국방부에 의하면 평양 탈환은 10월 19일이며 중공군과의 첫 교전일은 10월 25일이다.『6.25 戰爭史 6, 인천상륙작전과 반격작전』, p. 460과 pp. 494-495; 전쟁기념사업회와 Goulden에 의하면 첫 교전일은 10월 25일이나 Whiting에 의하면 10월 26일이다. China Crosses the Yalu, p. 45와 p.94, pp. 250-251; 육군본부, 『6·25 사변사』 (서울 : 육군본부, 1959), p. 163;『한국전쟁사 제1권 요약사』, p. 355;『KBS 다큐멘터리 한국전쟁 6편 또 다른 전쟁』, 1990년 6월 23일 방영.

10) 『人民日報』, 1950년 11월 5일.

11) 좌구명 지음, 장세후 옮김, 『춘추좌전』 (상권) (을유문화사, 2012),

p. 649.

12) 『춘추좌전』(상권), pp. 648-659.

13) 국방부 국방군사연구소, 『한국전쟁』(중), pp. 99-118; 김행복, 『625 전쟁사』, pp. 117-118; Korea: The Untold Story of the War, pp. 286-291.

14) 『한국전쟁』(중), pp. 122-127.

15) 『한국전쟁』(중), p. 127.

16) *Korea: The Untold Story of the War*, pp. 302-303.

17) *Korea: The Untold Story of the War*, p. 325; 『한국전쟁』(중), p. 127과 pp. 179-180.

18) 『한국전쟁』(중), pp. 188-227.

19) 대한민국 청와대, "한국전쟁 참전용사 퍼켓 예비역 대령 명예훈장 수여식," https://www1.president.go.kr/articles/10353 (검색일: 2021.09.06).

20) 『한국전쟁』(중), pp. 230-235.

21) "Don't judge us the way we are now. (sic) Because we are frightened now, because we have seen too much death and we don't understand why, because we have had to bury our friends in places we can't even pronounce."

22) 대한민국 청와대, "장진호 전투 기념비 헌화 기념사," https://www1.president.go.kr/articles/53 (검색일: 2021.09.06).

23) 참전용사 이용제의 증언, 『6·25 전쟁 참전수기 III』, pp. 156-157.

24) 『한국전쟁』(중), pp. 368-370과 pp. 376-386.

25) 『한국전쟁』(중), pp. 400-402; 참전용사 이상룡의 증언, 『6·25 전쟁 증언록 II』, pp. 46-47; 『매일경제신문』, 2018년1월30일.

26) 『한국전쟁』(중), p. 402.

27) 참전용사 이상룡의 증언, 『6·25 전쟁 증언록 II』, pp. 46-47.

28) 참전용사 이상룡의 증언, 『6·25 전쟁 증언록 II』, pp. 46-47.

고지전, 한 뼘 땅을 위하여

1) 국방부 군사편찬연구소, 『알아봅시다! 6·25 전쟁사 제3권 고지쟁탈전과 휴전협정』(2005), pp. 70-72.
2) 『고지쟁탈전과 휴전협정』, pp. 72-73.
3) 해병대사령부(海兵隊司令部), 『해병발전사(海兵發展史)』(서울: 해병대사령부, 1961), pp. 15-16, pp. 31-48, pp. 71-82와 pp. 90-94; 한국학중앙연구원, "해병대," http://encykorea.aks.ac.kr/Contents/Item/E0062595 (검색일: 2021. 09. 09); 『6.25 戰爭史 5, 낙동강선 방어작전』, pp. 617-624 참조.
4) 우리에게 널리 알려진 김기덕 감독(1960년생)이 아닌 1934년생 김기덕 감독이지만 1970년대까지 수
많은 영화를 만들어낸 거장이다.
5) 해병대사령부, 『해병 전투사』 제1집 (서울: 해병대사령부, 1962), pp. 199-206; 한국학중앙연구원, "도솔산지구전투(兜率山地區戰鬪)," http://encykorea.aks.ac.kr/Contents/Item/E0015727 (검색일: 2021.09.09).
6) 『해병 전투사』 제1집, p. 206.
7) 김희철, "[김희철의 전쟁사(76)] 서부전선을 지켜낸 해병대의 '장단·사천강 전투' (상)," 『뉴스투데이』(2021.01.13), https://www.news-2day.co.kr/article/20210113500202(검색일: 2021.09.16).
8) 한국학중앙연구원, "승호리 철교 차단작전 (勝湖里 鐵橋 遮斷作戰)," http://encykorea.aks.ac.kr/Contents/Item/E0032286 (검색일: 2021.09.07).
9) 국방부 군사편찬연구소, 『6·25 전쟁 참전자 증언록 1: 북한의 남침과 서전기』 (2003), p. 700.
10) 강호윤 예비역 준장의 증언, 『6·25 전쟁 참전자 증언록 1』, pp. 701-702.

11) 장성환 전 참모총장의 증언, 『6·25 전쟁 참전자 증언록 1』, pp. 716-717와 pp. 734-735.
12) 박희동 예비역 준장의 증언, 『6·25 전쟁 참전자 증언록 1』, p. 718.
13) 김두만 전 참모총장의 증언, 『6·25 전쟁 참전자 증언록 1』, p. 703.
14) Mike Mayo, *War Movies: Classic Conflict on Film* (Detroit: Visible Ink, 1999), p. 463.
15) 박재환 영화리뷰 (2019년 8월 17일), "[원한의 도곡리 철교] 한국전쟁 참전 美 항공모함 (마크 롭슨 감독 The Bridges at Toko-Ri 1954)," https://www.kinocine.com/3391 (검색일: 2021.09.07).
16) 당시 미 육군 1기갑여단 톨로사 주니어의 증언, 『KBS 다큐멘터리 한국전쟁 7편 협상의 비탈』, 1990년 6월 26일 방영.
17) 당시 미 육군 187공수연대 래리 오켄도의 증언, 『KBS 다큐멘터리 한국전쟁 7편 협상의 비탈』, 1990년 6월 26일 방영.
18) 최태환 당시 제6사단 제13연대 책임장교의 증언, "6.25 전쟁 50년의 재조명⑤-북한군 참전자들의 증언," 『월간조선』 1999년 8월호
19) 참전용사 이기정의 증언, 『6·25 전쟁 참전수기 III』, p. 243.
20) 참전용사 전상준의 증언, 『6·25 전쟁 참전수기 III』, pp. 248-249.
21) 참전용사 김인환의 증언, 『6·25 전쟁 증언록 II』, p. 75.
22) 참전용사 이기정의 증언, 『6·25 전쟁 참전수기 III』, pp. 245-246.
23) 참전용사 전상준의 증언, 『6·25 전쟁 참전수기 III』, p. 249.
24) 참전용사 김현조의 증언, 『6·25 전쟁 참전수기 III』, pp. 250-251.
25) 참전용사 하병열의 증언, 『6·25 전쟁 증언록 II』, pp. 108-110.
26) 참전용사 김우제의 증언, 『6·25 전쟁 증언록 II』, pp. 116-118.
27) 참전용사 김우제의 증언, 『6·25 전쟁 증언록 II』, pp. 116-118.
28) 『중앙일보』, 1972년 11월 10일자, "피어린 산과 언덕(10) 베티 고지 전투."
29) 김희철, "[김희철의 전쟁사(72)] 36대800 기적의 승리 만든 베티고지 전투(하)," 『뉴스투데이』 (2020.12.14), https://www.news2day.

co.kr/article/20201214500191 (검색일: 2021.09.06).
30) 참전용사 문주흥의 증언, 『6·25 전쟁 참전수기 III』, pp. 254-257.
31) Marcia Landy, *Cinema & Counter-History* (Bloomington: Indiana University Press, 2015),p. 71.

전쟁이 끝난 뒤

전쟁포로 이야기

1) 『동아일보』, 2015년 10월 10일; 국가기록원 "반공포로 석방" 주제설명.
2) 국방부, "국군포로의 실상과 대책: 조국은 당신들을 잊지 않습니다," 2007년 11월, p. 12.
3) "재미 국군포로 송환위원회의 북제소 마땅," 『조선일보』, 2011년 6월 24일.

2부 6.25 전쟁, 그 이후

이국(異國)에서 만난 기억

1) 『시사 인』, "기밀 해제 문서에 담긴 베트남전 국군 포로 실체," 2021년 4월 2일.

당신들을 잊지 않겠습니다

1) 해군본부, 『간・편・海』, (해군 공보정훈실, 2018). p. 123-124.
2) 『중앙일보』, 2014년 11월 23일.
3) YTN, 2015년 6월 29일.

두 '철우'의 공조

1) Michael O'Hanlon, "Stopping a North Korean Invasion: Why Defending South Korea is Easier than the Pentagon Thinks," *International Security* Vol. 22, no. 4 (Spring 1998), pp. 135-170.
2) Max Fisher and Jugal K. Patel, "What One Photo Tells Us About North Korea's Nuclear Program," *New York Times*, February 24, 2017.

작전명 '아덴만의 여명'

1) UN에 따르면 2011년 대한민국의 기여도는 정규분담금 기준 11위, PKO분담금 기준 10위를 기록했다. United Nations Peace Operations, "Year in Review 2011," https://peacekeeping.un.org/sites/default/files/yir2011.pdf (검색일: 2021.09.14); 대한민국 외교부, "각국의 유엔정규분담금 분담률 현황 (2002-2021)," https://www.index.go.kr/potal/stts/idxMain/selectPoSttsIdxSearch.do?idx_cd=1686&stts_cd=168602&freq=Y (검색일: 2021.09.14).
2) 해외파병에 대한 보다 자세한 사항은 합동참모본부, "대한민국 해외파병 현황," https://new.mnd.go.kr/mbshome/mbs/jcs2/subview.jsp?id=-

jcs2_030102010000 (검색일: 2021.09.14); 청해부대에 대한 보다 자세한 사항은 안승회, "청해부대 창설 10주년 〈1〉 - 특별 인터뷰," 『국방일보』, 2019년 3월 4일자, https://kookbang.dema.mil.kr/newsWeb/20190305/1/BBSMSTR_000000010024/view.do (검색일: 2021.09.14); "33개 회원국 '아덴만 해적 활동 잠재운 일등공신'," 『국방일보』, 2019년 3월 6일자, https://kookbang.dema.mil.kr/newsWeb/20190307/1/BBSMSTR_000000010024/view.do (검색일: 2021.09.14) 참조.

3) 대한민국 청와대, "삼호주얼리호 선원 구출 관련 대통령 담화," (2011.01.21), https://www.korea.kr/news/blueHouseView.do?newsId=148705268 (검색일: 2021.09.14).

4) 『연합뉴스』, 2007년 9월 10일, "한국군 대테러 정예요원 아프간서 활동했다," https://news.naver.com/main/read.nhn?mode=LSD&mid=sec&sid1=100&oid=001&aid=0001751238

5) 『연합뉴스』, 2008년 2월 27일, "정부, 아프간 인질석방 공로군인 '훈포장'," 출처: https://news.v.daum.net/v/20080227105121168.

6) 『중앙일보』, 2007년 9월 10일, "합참, 한국인 인질 무차별 살해대비 … 탈레반 공격작전 세웠었다," 출처: https://news.joins.com/article/2878998

에필로그

1) Marcia Landy, *Cinema & Counter-History* (Bloomington: Indiana University Press, 2015), p. ix.
2) 폴 비릴리오 지음, 권혜원 옮김, 『전쟁과 영화: 지각의 병참학』 (서울: 한나래, 2004), pp. 130-131.
3) 폴 비릴리오 지음, 권혜원 옮김, 『전쟁과 영화: 지각의 병참학』 (서울: 한나래, 2004), p. 84.

6.25 전쟁, 포연 속의 기록들
영화로 전선을 간다
A Cinematic Chronicle of the Korean War

초판 1쇄	2022년 6월 23일
지은이	김용호
펴낸이	고기정
펴낸곳	이름
디자인	최주호

주소	(03057) 서울시 종로구 창덕궁길 63
전화	02-747-7048
이메일	ereumbook@gmail.com
등록	25100-2022-000022
ISBN	979-11-977831-0-4-03300

Copyright ⓒ 김용호, 이름

* 본 저작물은 신저작권법에 의하여 한국 내에서 보호받는 저작물이므로 무단전재와 복제를 엄격히 금합니다.
* 책값은 뒤표지에 있습니다.
* 잘못된 책은 구입하신 곳에서 교환하여 드립니다.